從左手到牽手

是女生真的太無解？
還是你老是搞錯問題？
不將就的30堂脫單戀愛課

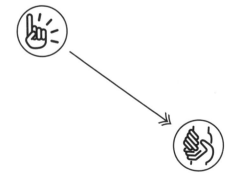

AWE情感工作室

情感導師
亞瑟 ／ 著

我想講究，不想將就

　　我人生中發生過最糟的事，大概是 15 歲那年的失戀。或許我這樣說你會覺得很可笑，心想：「一個人要多沒志氣才會覺得高中失戀是人生最糟的一件事？」事實上我的確經歷過遠比這個還糟糕的事，但那些都是在我年紀更大、心靈更強壯以後發生的。在我還是青少年的時候，失戀這件事堪比世界末日。

　　當年，我跟很多人一樣，根本不懂戀愛是怎麼回事，我不知道喜歡是從哪裡來的，為什麼我會喜歡一個人？而這個人又為什麼喜歡別人？我搞不清楚，我也沒辦法拿著這個問題去問學校裡的任何一個老師，我猜他們可能比我更不清楚。而且我知道他們會告訴我：「你現在這個年紀該做的事情是好好唸書，談戀愛等你長大一點再說。」畢竟父母付學費並不是要他們教我怎麼交到好幾個女朋友，或是跟女朋友的相處之道，他們的工作是讓我拿到好成績、上好學校。

　　我想交女朋友，但我並不知道怎麼做。我只知道要對女生好、要送東西、要找機會跟對方講話，然後呢？然後我就都不知道了。

於是我從國中開始，每當遇到很喜歡的女生，總是持續著一樣的套路，然後被喜歡的女生說：「我只把你當朋友。」接著兩個人的關係變得尷尬，最後疏離。

到了高中，我記取了教訓，知道就算每天混在一起也不代表人家喜歡你，與其冒著可能連朋友也當不成的風險告白，不如什麼都不說，至少還能維持快樂的朋友關係。而這樣龜縮的心態讓我錯過了高中本該有機會的戀情。對方在交了男朋友以後告訴我：「你知道我以前很喜歡你嗎？我一直在等你開口。」

這件事讓當時的我徹底崩潰，也改變了我的一生。這件事讓我難過到休學，從此再也沒走上一般人走的路；它的發生讓我下定決心再也不要經歷這種心痛，讓我決定徹底的改變自己。

為了改變自己悲劇般的戀愛之路，我去找了一個此生追女未曾失敗的朋友，他成了我後來口中的「師父」。

那時候我們都還在就學年紀，經濟來源只有家裡給的零用錢，師父的外型又矮矮胖胖、不修邊幅，整個人跟高富帥完全扯不上任何關係。但這樣一個人，卻交了十幾個非常漂亮的女朋友，身邊的女性也不乏正妹小模，這讓我非常確信這個人必有過人之處。

經過一番學習及砍掉重練的過程之後，我終於學會了「如何談戀愛」，透過大量的實踐與嘗試各種方法，不斷的練習，直到

這些變成我的本能。

十年間，我遇到了更多不同類型的人、體驗了更多不同的經驗、測試過更多不同的方法、感受了更多不同的戀情，當然，也失了更多次的戀，但這些事再也沒有打倒過我。我徹底改變了我的戀愛結果。

為什麼說這個故事呢？因為我要告訴你：「我以前是個戀愛魯蛇，甚至比絕大多數的人都魯。如果我做得到，為什麼你不行？」

在我這些年的教學經驗裡，我發現決定學生在上完課之後會不會改變的最大要素，叫作「選擇」。有些學生上完課之後，選擇繼續過跟平常一樣的生活，不在生活裡嘗試、練習，他們改變的機率就低；而另一種學生，上完課之後，拼了老命去做各種練習，遇到問題馬上回來問，想辦法修正以後又再去練習，這種學生改變的機率就很高。

我不知道在翻開這本書以前，你為自己的感情做了多少努力。或許你看了很多書、上了一些課、看了很多影片，但你花了多少時間付出實際的行動去實踐呢？還是你就只是看完書，然後心裡想著：「我知道了，下次有機會我會這麼做。」然後把書丟到一旁，繼續過著跟平常沒兩樣的人生呢？

在學會談戀愛然後付出實踐的十年裡，我收了不下兩百張好

人卡、得到了上百次的各種拒絕，也被拒絕、被洗臉、被當凱子削過，即使這樣，我也沒有放棄我的目標：「我要跟一個我很喜歡的女生在一起，然後長相廝守。」我不是只想交一個女朋友，我想要的是跟一個我喜歡的人在一起。交一個女朋友很簡單，只要願意放寬標準，我相信幾乎人人都交得到女朋友，但這是你要的嗎？

我非常確信每個人都能得到自己理想中的戀愛，但為什麼現實中，有些人可以，有些人卻做不到？那是因為每個人心裡都住著一個贏家跟一個輸家。贏家代表了強韌的特質，輸家代表了膽怯的特質。當你讓你的膽怯操控你的人生，每次遇到可能讓自己受挫的事就落荒而逃，那你永遠都得不到想要的一切。但如果你的韌性能超越失敗的恐懼，你就拿到了第一張入場券，這個時候開始，你才有了參賽資格，否則你永遠都只是看台上的觀眾，只能看著別人談美好的戀愛、與你的夢中情人共結連理，但這些事永遠輪不到你。

很多人會問我：「你是怎麼做的？」我怎麼做其實不是最重要的，但我相信這是你翻開這本書的原因，所以在之後的章節裡，我會一一告訴你們「可以怎麼做」，但在討論「怎麼做」之前，我相信更重要的是「為什麼做」，因為「為什麼做」才是從膽怯

手裡奪回人生主控權的關鍵。

你為什麼想談戀愛？是為了給爸媽一個交待嗎？是為了結婚生子嗎？你是為了讓自己不再痛苦才想談戀愛嗎？為了讓自己不再空虛寂寞？還是為了什麼？

現代人都知道什麼叫「財務自由」，但鮮少有人知道什麼叫「戀愛自由」，我們以為自己是在自由戀愛，的確，比起幾十年前甚至幾百年前，我們的戀愛市場是很自由的，但大多數的人並沒有得到「戀愛自由」。「戀愛自由」指的是：「當你遇到任何你想要的對象，你都可以自由的選擇要不要跟對方談場戀愛。」你在戀愛上有絕對的權利跟選擇權，可以選擇自己想要的和不想要的，而不是受限於薪資、長相、身材、性別、幽默感……等等的能力，只要你想要，你就有把握擁有。

大多數的人之所以選擇單身，通常都不是因為自己真的很想單身，而是喜歡自己的自己不喜歡，而自己喜歡的又不喜歡自己，因為寧缺勿濫，所以乾脆告訴自己：「單身很好，單身很自由，我不需要另一個人。」對，單身是很好，但我更希望你的單身是一種選擇，而不是因為無法選擇。我希望你的單身是因為你真的想享受一個人的自在，但同時，只要你願意，你也可以隨時跟一個你喜歡的對象交往，這才是真正的「戀愛自由」。

　　如果可以講究，又為什麼要將就？我想要擁有戀愛自由，所以付出了大量的努力。那你呢？你想要的是什麼？你又願意為了這個目標付出多少代價？願意為了這個目標付出多少行動？

　　從以前就有很多人問過我，我到底是怎麼做的？但即使我告訴他們答案，他們也不會行動，他們會告訴我：「這太難了」、「我沒有辦法」、「我很害羞」、「我不太會講話」、「我不像你那麼外向」。所以如果你沒有想清楚自己想要什麼、為什麼想要，即便你繼續往後翻，看了後面的內容，你還是有很大的機率不會行動。你或許會安慰自己說：「好，我知道怎麼做了，這些方法似乎有點道理，我找到適合的機會就會行動。」或是跟自己說：「這些方法太爛了，不適合我，我要再尋找更適合的我的。」不管是哪一種，你都仍然沒有行動，你仍舊只是坐在床上看完一本書，然後丟到一邊，繼續過著跟沒看這本書之前一樣的生活，那對你的人生、對你想要的感情生活沒有任何幫助。

　　所以，我希望你在往下看以前，花一點時間去想，你想要的感情生活到底是什麼？而你又為什麼想要？你願意得到「戀愛自由」嗎？你為什麼想要「戀愛自由」？如果你願意，你又願意為了得到它，花多少的代價？

　　空想是沒有用的，唯有行動有機會帶來成功。當你開始思考

這些問題，你就展開了你的第一個行動，而接下來，我會教你怎麼繼續更多的行動，最後讓這些行動帶來你感情上的成功。

目　錄

目　錄

Part 9
失敗以後

Part 1

關係是什麼

關係之於你

「愛情」對你的象徵

　　「愛情」是很多人嚮往的關係，不可否認的，愛情會為生活添加許多色彩、讓我們的人生得到更多滿足，於是大家汲汲營營的尋找真愛、渴望生命被愛情滋潤，卻忘了問自己一個問題：「愛情對我來說是什麼？」

　　對每個人來說，「愛情」所代表的意義都不同，而正因為這些不同的定義與象徵，造就了人們截然不同的感情路。有些人交女朋友很容易，卻很難經營長期的關係；有些人很受歡迎，卻無法與自己喜歡的人在一起；有些人很渴望愛情，卻總是與對方擦身而過。而導致這些看似不公平的結果的最大原因，並不是身高長相或家裡有幾張地契，而是我們對「愛情」所下的註解。

　　不要小看所謂的「象徵意義」，「象徵意義」是我們之所以對一件事物產生感情與情緒的原因。某人某事某物都是中性的，唯有在我們對它們產生解釋之後，我們才會產生情緒，而這些解釋則是根據我們過往的經驗而來。

                                                                    對他人
                                                                    造成刺激
                                                                      ▲

背景　▶　知覺　▶　解釋　▶　能量　▶　動機　▶　行為

過往的種種相加　　眼耳鼻舌身　　對事物的理解方式　　透過解釋後產生的情緒　　行為的理由　　對自己有利的舉止

　　我們可以從上圖看到一個「人類產生行為」的公式。當我們接收到刺激時，會先透過知覺去感受到它，但知覺本身是非常中性的，就只是看到、聽到、摸到、聞到、嘗到，知覺只是感官的接收，在這個階段，我們對於事物還未產生任何的感受。但在接收到之後，我們開始對該刺激產生了解釋，例如有危險的、有好處的。等到我們解釋完畢之後，相應的能量就產生了，也就是我們的情緒。有了情緒之後，我們才會產生想做什麼事的動機，再經過確認之後，行為才會產生。

　　上述的公式，我用一個例子來解釋：

　　我小時候曾經被蟑螂嚇到 **背景** ▶ 某天我看到了一隻蟑螂 **知覺** ▶ 我連結到小時候的經驗 **解釋** ▶ 我覺得很可怕 **能量** ▶ 我想遠離牠 **動機** ▶ 於是我逃走了 **行為** 。

　　由這個例子，我們可以看到，我開始感到害怕，並不是因為我看到了蟑螂，而是因為我對蟑螂產生了解釋，所以我才害怕。而我對蟑螂的解釋，也不是我天生就有的，是我小時候被蟑螂嚇過，所以才有了「蟑螂很可怕」的解釋存在。而我因為有了這個背景及後續的解釋，才會在最後產生了逃走的行為。

　　那這跟「象徵」有什麼關係呢？「象徵」代表的，其實就是一種「解釋」。當某人或某事，對你而言有著某種象徵意義時，你對它的解釋就不單純只是針對這人或這事。舉例來說：升遷對你而言如果象徵的是「能力被看見」，那你對升遷就會變得很執著，因為它不僅代表了在公司裡的地位及薪水的調整，更代表了你自身的價值，所以你很有可能天天加班、努力完成公司交付的所有任務，即使老闆並沒有幫你漲多少薪水也無所謂。但如果升遷對你而言，只是「錢變多了，但事情也變多了」，那你可能就會衡量多出來的錢，對應多出來的事情，是否有符合其價值。這時候你就不一定會這麼努力工作了，尤其如果你其實不太在乎

錢，更在意生活品質的話。

　　所以當我們對於「愛情」有了不一樣的解釋之後，後續我們所產生的能量及行為就會開始改變。我有一些學生對於「愛情」的解釋是：「不會永遠」，所以當他們發現自己對某人開始有好感，就會產生絕望及恐懼的能量，因為「不會永遠」對他們而言，意味著的是「被傷害」。在這種狀況下，他們自然不可能勇敢的追尋愛情，甚至是承諾。

　　但對於某些人來說，「愛情」象徵的則是：「一個有趣的歷程」，我們對於「有趣的歷程」是不會不感興趣或感到恐懼的，所以這些人會抱持著開心與興奮的情緒去面對可能到來的愛情，而他們的所作所為，因為都建立在開心有趣的能量下，自然也不會得到太差的結果。

　　這就是「象徵」所帶來的影響。有些人對於「30 歲沒結婚」的解釋是：「有問題的人才會這把年紀還沒結婚」，於是他們就會對年紀所帶來的壓力感到焦慮；有些人則是認為「婚姻」是幸福的象徵，所以無論如何都想要結婚；而對於有些人而言，「交往」則代表了自己不會孤單一個人，為了填補自己的空虛，就拼命的想要找一個人來愛自己；還有些人覺得「有人喜歡我」，代表了自己的價值，表示自己是值得被愛的，所以當感情不順時，

他們就會不斷的攻擊自己、認為自己沒有被愛的價值。

　　看到了嗎？我們對於關係、對於愛情的所有感覺、所有情緒，都來自於我們怎麼解釋與它相關的事物。這些解釋讓我們不相信自己、討厭自己、認為自己失敗、覺得別人會看不起自己，但事實上，這些是真的存在的嗎？30歲沒結婚的人，真的是有什麼問題嗎？結了婚，就一定會幸福嗎？找個人交往後，就真的再也不孤單了嗎？沒有人喜歡，是因為自己真的沒價值，還是因為我們認為自己沒有價值呢？

　　這些我們對於關係、對於愛情的象徵，很多都不是真實的，是我們自己想像出來的，而我們卻被這些想像的產物給控制、驅使，認為自己只要完成個什麼就能幸福快樂被愛。

　　一旦我們沒發現這些錯誤的連結，這些連結所帶來的解釋就會不斷影響我們，讓我們不斷產生相同的情緒及行為，然而，重複同樣的行為，並不會為我們帶來不同的結果。如果我們想改變某件重複發生的事，我們首先要找到導致這件事的根本原因，而不是將注意力放在我們的行為上，因為行為是最末端的事，即使改變了單項行為，其它行為也會因為解釋不變而不會產生變化，所以最終你仍然會得到同樣的下場。

　　而根本原因，就是我們對這件事的解釋。所以在本書的一開

始，我希望大家能夠先想一想，「愛情」對你來說到底是什麼？它讓你產生什麼樣的感受？如果沒有「愛情」，你又會怎麼樣呢？除了「愛情」之外，你不妨也想想「婚姻」、「家庭」、「幸福」、「對自己的看法」這幾個詞，這些詞的定義往往跟「愛情」的象徵有極大的關聯性，而上述這幾個詞的組合，就是你看待「關係」這件事的全貌。

在你想清楚這些詞之於你的意義之後，你可以再想想，是什麼人、什麼事，還是社會的潛移默化，讓你對這些詞產生了這樣的定義。千萬不要以為所有人對於同一個詞的想法都跟你一樣，這是多數人的錯誤認知，事實上，幾乎每個人對於每個詞都帶有不盡相同的認知及象徵意義，最經典的例子就是有些人認為婚姻是幸福，有些人則認為婚姻是愛情的墳墓。而會有這些不同的認知，跟我們從小經歷的家庭環境、人生經驗都有非常大的關聯。對於父母離異的人來說，婚姻通常不會跟保障相關，但不代表他們一定不想結婚。有些父母離異的人反而更執著於結婚，因為他們想建立一個屬於自己的完美版本家庭，但如果本人沒有意識到這件事，也非常容易讓家庭以離異收場。

如果你想出了其中的關聯性，記得，請千萬不要怪罪自己的家庭，因為每一個父母都是盡他們所能的當他們所知道的最好的

父母，或許他們的父母也沒有好好教過他們什麼是愛、要如何愛孩子，如果他們也沒有被好好愛過，自然沒有能力好好的愛孩子，這不是他們的錯，他們只是不知道怎麼做。思考原因並不是為了要讓我們找個代罪羔羊，或是對任何人感到憤怒，怪罪家庭對於我們沒有任何幫助，思考原因只是為了幫助我們找到影響自己的環節，如此一來才有機會改變自己的思考模式及慣性。

當然，你也很有可能想不出其中的關聯性，那也無所謂，這不是最重要的。最重要的是先找出自己對於這些事物的象徵，然後套用本章的公式，去發現自己過去的行動到底是什麼導致的，這樣我們就有機會去修正自己行動模式。

當你找到自己認為的「愛情」的象徵意義之後，你可以跟身邊的人聊聊這個話題，看看其他人對於這些名詞的解釋是什麼，或許你可以從中發現，為什麼每個人的異性緣會得到這樣的結果。

從左手到牽手

關係的原則

平衡

　　萬事萬物都在追求中道，所有東西都在講求平衡，當平衡崩壞，自然率就會用強烈反撲的方式讓一切回歸到平衡狀態，人也不例外。當我們努力熬夜唸了好幾天書之後，可能會特別想出去玩，或在家大睡一覺，這就是一種平衡；工作狂在超出極限的壓榨自己的精神跟身體之後，總是要大病一場，身體要將過去沒有休息到的部分一次躺回來，這就是平衡；長期被欺負的同學某天突然忍無可忍，將欺負自己的人暴打一頓，直接讓對方進醫院，這也是一種平衡。無論是什麼樣的形式，自然率追求的就是平衡，關係當然也是其中的一項。

　　不論什麼樣的關係，只要失去平衡，就會迎向終結。而在吸引的層面上，不平衡則會讓關係根本無法開始，也就是女生說的：「壓力」。

　　很多男生無法了解平衡的概念，認為追求必須是一種勇敢的

表現，所以積極的約對方出來、請人家吃飯、送貴重的禮物、做各種精心的布置，最後得到的卻是不如人意的結果。這一切都只是因為他們忽略了讓關係平衡的重要性。

我們喜歡別人的善意，但沒有人喜歡欠別人，當我們收了別人的好意，會想要給予回饋，否則我們會覺得很窘，而窘的背後，其實是價值感。我們需要能回饋給他人相等價值的感覺，否則我們會不喜歡這樣的自己。沒有人想要不喜歡自己，但同時，人們又不見得想回饋給對方同樣的東西，有時候是出自於能力（他請我吃 2000 元的餐廳，我也要回請，但 2000 元對我來說又是個負擔），有時候是出自於意願（這個人對我不錯，但我不想跟他有那麼多相處），不論是何者，都會讓我們陷入一種「我收了別人的好意，卻沒有回報」的罪惡感之中，而這種「可能面臨」的罪惡感，就會具體的變成壓力。

這也是為什麼有些人會說「要讓女生也有點付出」的原因。讓對方付出不僅是因為讓對方有參與感（人對於自己有參與的事物都有榮譽感，會傾向希望它能往好的方向發展，參與感越重，傾向會越強烈），同時也是讓對方感到平衡，不會認為自己只是單純接受的一方。

保持平衡還有另一個重要的原因，是避免自己心裡產生不平

衡，而導致爆衝。我常看到有些男生為了喜歡的人做牛做馬、溫馨接送、送禮請客毫不手軟，但這一切並不是他們發自內心想為對方做的，只是因為他們認為這樣可以換來一段關係或對方的垂青，於是他們壓抑自己的疲勞與內心的不滿，勉強自己持續這樣超過負荷的追求行為，到最後只要女生的反應不如他們的預期，他們就會因為不滿而爆走，甚至可能變成恐怖情人。超越負荷的追求行為不可能成為常態，充其量只能是短暫的衝刺，但這樣的強烈追求，如果在對方沒有同樣熱度回應的情況下，就會因為內在對於回應的不滿而導致關係的不平衡，認為自己被當工具人或ATM，同時也可能造成對方過大的壓力。

　　所以在開始任何的追求行動以前，你必須先知道平衡之於關係的重要性，以及明白該如何保持平衡。

　　保持平衡最簡單的方法，就是不要做超過自己能力範圍的事。如果你願意請朋友吃 200 元的東西，那你最多就請對方吃 200 元的東西；如果你根本一毛不拔、討厭請客，就絕對不要請對方；如果你願意每天接送朋友，那你可以每天接送對方，但如果你只願意在順路的情況下載對方一程，那你就也用同樣的待遇對待她。

　　不做超過自己能力範圍的事之所以可以有效保持平衡，原因

在於：你不見得會希望朋友給予你回報，但你能在沒有回報的情況下給予到這個程度，那你就不會讓對方有壓力，因為這就是你能給予的範圍。當然，如果你是土豪或富二代，你可能可以給予的金錢範圍比一般人更大，或許你請朋友吃 5000 元的東西也無所謂，那這時候你要考量的就是對方的經濟狀況，以免對方無力回饋或故意把你當凱子削。

當我們主動的給予之後，我們可以去感覺對方是否有想回饋的意願，如果有，請記得讓對方回饋，這不僅是讓對方有參與感，也是讓對方對自我產生價值感。不需要為了男人的面子拒絕對方，即使你考量到對方在經濟上可能沒有你來得有優勢，也請讓對方在別的方面回饋你，而不是你單方面的輸出，否則就很有可能讓關係失衡。

Part 2

為什麼會失敗——
四大失敗主因

感情失利主因 1.
人際關係總是出問題的你

你跟自己的
關係好嗎？

　　「每段關係都是自己跟自己關係的反射」，這是我從事關係
教學以來，最信奉的一句話。我們與自己的關係，會忠實的反映
在我們與他人的關係之上，藉由這樣的投射來讓我們有機會意識
到自身的課題。（關於投射，在下一節會有更詳細的說明）

　　正因為每段關係都是自己跟自己關係的反射，所以我們怎麼
看待自己、願意怎麼對待自己，都會直接的影響到我們與他人的
關係。

　　這樣講起來好像很玄，但我們用一個最為人所知的例子，相
信你就可以明白了。你一定聽別人說過類似的話：「你太沒自信
了啦」、「有自信一點女生就會喜歡你」、「我覺得你不夠有自
信」，絕大多數的人都認同「自信」跟戀愛之間有著很大的關係，

但自信是什麼？自信聽起來像是自己對自己的看法，那為什麼自己對自己的看法會影響我們的愛情呢？

「自信」說白了，就是對自己的了解及接納程度。我們用下面這張圖來說明：

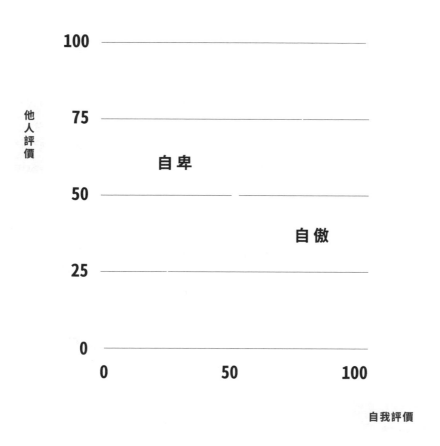

當我們對於自我的認知及評價，低於別人對我們的評價時，就是自卑；反之，當我們對自身的評價高於他人對我們的評價時，就是自傲。而只要我們對自我的認知，等同於他人對我們的評價時，就是自信。不論我們對於自我的評價是一百分還是零分，只要和他人對我們的評價相符，並且我們能夠接納這個事實時，我們就是一個有自信，或是有自知之明的人。自傲與自卑的人，通常都不是不知道自己的狀況跟別人對自己的評價，而是他們無法接受這樣的事實。自卑的人無法接受自己其實不錯、值得被喜歡；自傲的人無法接受自己其實並不如想像中的受歡迎、強大。因為無法接受事實，所以他們選擇了自貶或是膨脹，但不論是何者，都會讓身邊的人感到不舒服，認為：「你幹嘛要這樣？為什麼不接受事實？」

所以自信的人之所以受到歡迎，是因為他們知道自己在他人心中的樣貌，也接受這樣的現況，因此不需要花費多餘的精神跟能量，去營造一個理想我，也不用費力拒絕來自別人的讚美和好意。正因為他們對自己的接納，讓身邊的人感覺到在他們身邊也可以被接納、也不需要偽裝，甚至是羨慕他們對於生命與自身如此坦然的態度，所以他們才會受歡迎、才有魅力。

這是一個最典型，也最為人所知的「自己跟自己的關係如何

影響到自己與他們的關係」的例子。接下來我們再深入去看，除了「自信」以外，我們看待自己的方法、對待自己的方法，是如何影響我們的人際關係。

　　舉一個常見的例子：如果我們看待自己是認為「我不值得被愛」，那我們理所當然的不會對自己太好，但這不表示我們不想得到好的對待，只是我們會希望這個「好的對待」是透過別人來給予我們。但又因為我們認為自己不值得，所以我們無法理所當然的接受他人的好意，導致我們得透過過度付出的方式，企圖交換別人的些許善意，並認為那才是我們值得的配額。更悲慘的是，這樣的想法給別人最直接的感受，並不是你內在那些卑微的心願，而是更直接的說法──討好。每一個討好的人，背後都有著類似的想法，認為自己不配，所以必須做出許多努力，用以乞求他人的垂青。但我們都知道，討好的人在人際關係絕對不會有什麼好下場，不是被當跑腿小弟就是被壓榨，再不然就是被排擠，但他們明明一件壞事都沒做，為什麼會有這樣的下場？

　　原因很簡單，那就是「我不配」。正因為他們深信自己不配，所以他們不會自重，不會抗議或拒絕他人過度的要求，甚至會主動迎合有過分需求的人們，因為他們希望透過這樣的方式換來些許好意或愛情。一旦我們開始認為自己不配得到好的對待、好的

關係，我們就失去了尊重自己的能力，同時因為連我們自己都不尊重自己，別人自然也會感覺到我們不需要被尊重，於是各種糟糕事接二連三的報到，一切都只起源於我們認為自己「不配」。

　　所有關係的起點，都是自我的關係。外在的一切，都只是用來讓我們看到自己沒察覺的內在問題。跟自己的關係是生命裡最大的功課，但我們往往無法輕易的發現它的存在跟重要性，所以生命透過現實中的挫折，讓我們有機會去發現問題的所在。在我們將課題完成以前，問題會一再重演，逼得我們不得不去正視它。但我們也不用將這件事看得很糟，生命只是在給我們機會去完成這些功課，如同考試沒過，老師讓我們有機會重考一樣，只是生命功課重考的代價往往很慘烈，慘烈到我們不得不去面對。這也是為什麼在講到任何跟愛情有關的事以前，我想先花一點時間向你闡述自我關係的重要性，因為當你修復了與自我的關係，你的任何人際關係將不再有問題，反之，當你與自我的關係越差，你的人際關係就會備受考驗。

　　過往戀愛失利的四大原因都是以不同的面向來呈現自我關係不良的衍生結果。希望你繼續往下看以前，能夠先花一點時間了解你跟自己的關係出了什麼問題？花一點時間去想，你到底是怎麼看自己的？你願意怎麼對待自己？還是你一直都在虐待自己，

卻奢望別人善待你呢？

— Point —

所有的關係，都是由「你」為起點延伸而出，所以你對自己的看法、對自己的接納程度以及你對待自己的方式，都會影響包含愛情在內的所有人際關係。如果你過往的戀愛總是失敗，請想想你跟自己的關係是怎麼樣的，並且再想想「你想要、願意怎麼對待自己」。

感情失利主因 2. 內部投資過高

得失心太重讓你失常

在講何謂「內部投資」以前，我們必須先花一點時間來說明「喜歡」是什麼。喜歡是由兩種成分組成的，一是「投射」，二是「投資」。在戀愛關係裡的「投射」，大概會有三種情況：

情況 1. 自身的投射

每個人多少都有一些自身認為的缺憾，認為自己少了些什麼、不夠完美。而能彌補我們認為自己不夠完美的地方的特質，就變得特別可貴，我們會特別注意這種特質的存在。只要這種特質存在於他人身上，我們就特別容易被對方吸引，尤其是異性。所以我們很容易發現，某些類型的人都會喜歡特定類型的對象，例如安靜內向的人，通常容易受活潑外向的人吸引；小心謹慎的人，通常容易受大膽積極的人吸引；拘謹有禮的人，通常容易受直接坦率的人吸引。而我們之所以容易被特定對象吸引，往往都

是因為我們自身對於缺乏的投射，我們認為「只要能像他一樣，一定很好」、「他能補足我所沒有的」、「待在他身邊我好像也能變成像他一樣的人」。這種想法導致我們對於某些類型的人存在了「嚮往」，而「嚮往」則直接變成一種吸引力。這也是為什麼在青春期的時候，女生特別容易喜歡風雲人物的原因，即使她們跟對方根本沒有接觸，也會因為自身的投射而讓自己陷入戀愛的感覺之中。

另外，這種女生多半比較內向（正因為內向，覺得自己平凡，所以嚮往風雲人物），所以她們通常也不會主動，以致於迷戀風雲人物的戀情通常都無疾而終。

情況 2. 女朋友的投射

除了滿足自己的缺憾，我們同時也會想找到一個完美的女朋友。這個完美指的不見得是真實的完美，而是我們心中對於伴侶的理想型，所以對於「女朋友的投射」，我們也可以說是「這個人滿足了多少女朋友的象徵」。為什麼有些人特別喜歡長頭髮的女生？因為這滿足了「女生」的標籤；為什麼有些人喜歡看起來文靜有氣質的女生？因為她滿足了「識大體、賢妻良母」的感覺；為什麼有些人喜歡漂亮女生？因為這滿足了「如果這是我女

朋友，帶出去會很有面子」的想法。當我們對於「女朋友」或「未來伴侶」有一些既定的想像時，我們會自動去搜尋可能符合這些想像的對象，當我們遇到這些對象時，我們就會感到自己似乎墜入愛河、不停的想像與對方未來的生活。這就是為什麼有些人，會在明明跟對方不熟或不認識的情況下，就覺得自己很喜歡對方、很想跟對方交往的原因，因為他們想交往的並不是這個對象本身，而是這個對象所帶來的象徵意義，換言之，他們是在跟自己的幻想談戀愛，他們喜歡的是自己的幻想，而非真人。

　　如果我們從小對於愛是缺乏的，那我們可能出現的另一種狀況是：我們尋找的象徵並非是伴侶，而是父母親。我們可能極力尋找跟自己雙親（以男性而言，多半是找媽媽）有相似特質的人，以求在親密關係之中能讓我們重溫本該得到的母愛或童年，但這樣的關係往往會以悲劇收場，因為這是在錯誤的位置扮演錯誤的角色。沒有人應該要在交往關係中扮演對方的父親或母親，也沒有人應該要在這樣的關係中扮演孩子，錯誤的關係只會造成錯誤的付出與錯誤的期待，最終只會讓雙方更痛苦而已。所以如果你發現自己有這個現象，請直接去找你的父母親處理，讓該給你母愛的人給你母愛，而不是去跟另一個人索取。

情況 3. 保護與自我救贖的投射

在所有的投射裡，「保護與自我救贖」的投射是最容易讓我們陷入無可救藥的關係裡的。「投射」是一種很奇妙的東西，所有我們認為好的、不好的東西，都會藉由別人讓我們看見，所以「投射」的效用，除了我們剛才提到的「嚮往」之外，也會確實的反映出我們的「傷口」，所有的投射效用都一樣，只會讓我們看到自己身上的課題，任何與我們無關或我們已經處理完的議題，都無法讓我們形成投射效果。

那為什麼這種投射是最危險的呢？因為人會有趨樂避苦跟補償的心態。當我們看到對方身上有著跟自己一樣辛苦的地方、可憐的身世、不得已的苦衷（先不論到底是真是假），我們都會產生一種「想保護」的心情，而這種「保護欲」事實上並不是來自於想保護這個人，而是想保護過去或受傷的自己，這就是補償心態。因為我們可能無法或是不想正面去處理自身的課題，所以我們想藉由拯救或保護對方，來彌補自身的遺憾及傷口。這種對自身的救贖，會讓我們產生混淆，覺得自己無法放下這個人不管、一定要幫助對方，甚至當我們幫助成功的時候會產生極大的成就感，那都是來自於自身未完成的課題。

而這種投射最危險的地方在於，它會讓我們混亂、無法釐清

課題，也就是無法課題分離。我們會把對方的事當成自己的事，開始過度介入、過度付出，因為我們並沒有發現這件事並不是自己的事。而當我們開始過度介入與付出之後，如果對方還沒有打算處理這個課題，我們則會陷入挫敗、失望、憤怒的情緒之中，也會造成對方極大的壓力。即便對方有打算解決這樣的課題，我們也很可能在這個過程中淪為「協助者」或「恩人」的角色，但這很有可能並不是我們想要的，我們無意識的想要透過協助來換取愛情，希望對方也能如我們拯救她一般的拯救自己，但即使真的如我們所願的進入這樣的關係，這也只會是一段互相依附的關係，不會有任何人的問題得到真正的解決，只是兩個人在互相取暖而已。

這類型的投射常反映出來的現實情況叫「騎士精神」，對於某些我們認為需要被保護的、需要被照顧的、需要被救贖的人產生強烈的保護欲。這樣的保護欲看似壯烈，事實上卻只是自以為是跟自我救贖的結合。由於分不清課題的歸屬，也導致這類型的投射容易產生過高的投資及人我課題的混淆。

講完了「投射」，接下來我們要解釋何為「投資」：

以經濟的層面來看，只要我們將任何資源投注到某一項我們希望回收的事物上，都可以稱之為「投資」。舉例來說，我們拿

錢去買股票，絕對不是因為我們單純想支持這間公司或是希望自己血本無歸，而是因為我們希望自己所投入的金錢能產生比我所投入金額更大的回報，換言之，「投資」就是「獲得比投入更大的回收」。

而我們都知道，當我們對於某項標的投入的資源越高，我們會越在意這項標的的走勢及變化，例如在同一個標的上投入十萬跟投入一千萬，我們的緊張程度會完全不同，不僅在意的程度不同，也很有可能會因為不甘心而無法收手，這就是為什麼股票會被套牢的原因。

在我們有了投資的共識之後，我們要開始討論戀愛上的投資。

在戀愛關係中，我們再將「投資」分為「外部投資」跟「內部投資」兩種。「外部投資」指的是任何有形體的、能被感覺到的、對方會意識到的，舉凡邀約、傳訊息、肢體接觸、送禮……等「對方會知道的」，全都歸類為「外部投資」；而「內部投資」則恰恰相反，指的是所有對方不知道的、沒感覺的，例如：你的小劇場、胡思亂想、猜疑、嫉妒比較、思念、肉搜對方臉書或 IG、作夢想到她、去算命拜月老、努力為對方做出改變的心酸……，這些全是對方不會知道的部分。但即使對方不知道，你仍

然花了許多的時間跟心力在這上頭，對你而言，雖然你並不是有意識的這麼做，但你仍然是做了「投資」。

　　當我們了解投資並不僅限於金錢或是時間方面，情緒及心力原來也是資源之後，我們就可以知道為什麼自己會如此不甘心及得失心重的原因。回到前面講的部分，當我們的內外部投資總和越高，等同於我們投注的資源越多，相對的就會越緊張，而這些沈沒成本就造成了得失心過高的現象。

　　而最糟糕的是，當我們的得失心過高就會失常，對方會開始感覺我們不自然、不自在、好像有什麼意圖、相處起來怪怪的，但她們並無法得知我們做了多少的內部投資，尤其如果你是因為強烈投射而喜歡上一個人的時候，你很可能在連基本互動都沒有的情況下做過多的內部投資，而內部投資又導致得失心上升，得失心又導致失常，於是你跟對方的相處變得很不自在，但對方只會覺得你這人很怪，最後就是連更進一步相處的機會都沒有。（見下頁圖）

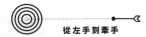

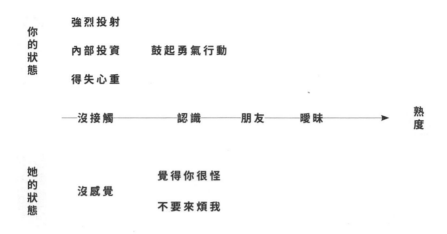

「內部投資」並不是種罪過，它是構成戀愛的最主要元素之一。設想，如果你今天完全不會想到一個人，自己每天都過得很好，你會在某一天起床以後突然覺醒發現自己其實喜歡上她了嗎？這是不可能的事，我們會覺得自己喜歡一個人，必定是因為對方在我們的生命中佔據了某種地位，而這種地位最直接的體現方式就是「當對方不在的時候，我花了多少時間想她」。「內部投資」完全沒有問題，唯一有問題的是當我們產生太多投資之後伴隨而來的「得失心」，得失心會影響我們與對方相處的品質，進而產生我們不想要的結果。

　　因此在這個章節，第一件要提醒大家的就是：「在你還無法不被得失心影響前，盡可能降低內部投資，以避免失常。」

Point

戀愛上的內部投資指的是「在對方不知道、沒感覺的情況下，你花時間想著對方或和她有關的事」，舉凡你的內心小劇場、胡思亂想、猜疑、嫉妒比較、思念、肉搜對方臉書或 IG、算命拜月老、努力為對方做出改變的心酸……等等都是。當你產生太多內部投資之後，伴隨而來的得失心會影響你與對方相處的品質，甚至有失常的表現，因此，在你和對方根本還不熟的狀態下，應該控制自己不做過多的內部投資。

感情失利主因 3．焦點在自己
破壞相處品質

　　「焦點」用最簡單的說法，就是「注意力」。人的注意力是
非常有限的，當我們將注意力集中在自己身上的時候，我們很難
有時間去關注別人現在的狀態，而好巧不巧，別人都能發現我們
正在心不在焉。

　　你可以回想一下自己有沒有過這樣的經驗：別人跟你講話的
時候，你正在想其他事情，無法集中精神聽對方到底說了什麼，
最後對方的話越來越少，這時候你才回過神來，趕緊告訴對方說：
「我有在聽啊！」但對方已經不想說了。

　　上述的例子就是標準的「焦點在自己身上，最後影響相處品
質」。人與人的相處重要的是有來有往，不管來往的是言語、情
緒、認同、想法，它們都代表了一種能量的交流，而我們之所以
想跟別人來往，正是因為這種能量交流。當能量能自然交流的時
候，形式就不重要了，這也是為什麼我們跟好朋友相處的時候，

談話的成分中可能有 90% 都是沒營養的廢話，但彼此還是覺得開心愉快的原因。一旦能量無法交流，人與人之間就會產生隔閡，會覺得彼此是有距離的，而這樣的距離容易讓我們產生「我沒有被接受」的感覺，當我們感到自己無法被接受，自然就不會有安全感、輕鬆感，對於相處就開始感到有壓力，而我們都不會想跟「讓自己覺得有壓力的人」相處，於是關係劣化的結果就形成了。

而「焦點在自己」在戀愛關係中的影響之所以巨大，不僅因為會破壞相處的品質，更重要的是我們內在「想表現好」的信念。

多數人都有一個迷思，那就是「我要很好才會被別人喜歡」，所以我們總是想在心儀的對象面前表現出自己最好的一面，但卻忽略了一點：「我們認為的好，不見得是別人認為的好」。

這跟我們從小接受的教育有關。到高中以前，考試都讓我們深深植入了一個「標準答案只有一個」的概念，以致於當我們成人以後，面對許多事情也都是抱持著「尋找唯一標準答案」的想法在行動。我們相信世界上有完美解法，可以讓一切都變得很順利。而「與心儀對象相處」對我們來說的嚴重性，可能幾乎等同於大學指考，於是更加重了尋找標準答案的想法。

如果你有過考試緊張的經驗，應該不難發現它跟「和喜歡的女生相處」有得拼。兩件事同樣會讓你腦中一片空白、過去學過

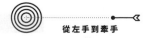

的東西瞬間忘光、不確定答案是不是正確的、懷疑自己，而這樣的情緒可能讓你大考失利，同樣的，也會讓你感情失利。或許你也早已學過讀過一大堆跟戀愛有關的東西，但一到重要關頭，卻什麼也不記得，這正是因為我們企圖尋找標準答案所導致的結果。

看到這，或許你會想：「我沒有焦點在自己身上啊！我都在想她會想聊什麼、她想吃什麼、她對什麼感興趣、我說這些她會不會覺得很奇怪？」抱歉，這些想法雖然看似是為對方著想，但事實上只是省略了主詞的焦點在自己身上。我們將這些句型還原，就可以輕易看出來：

「她想聊什麼？」→「跟她聊什麼她才會高興呢？」

➡「要讓她開心她才會喜歡我」

「她想吃什麼呢？」→「要約一個她喜歡的地方才行」

➡「要讓她開心她才會喜歡我」

「我說這些她會不會覺得很奇怪？」→「她會怎麼看我呢？」

➡「她會不會不喜歡我？」

上述這些是常見的「被包裝過的焦點在自己」，沒有包裝過的則更為明顯，例如：「她會覺得我很無聊嗎？」「我今天穿這樣會不會很不 OK ？」「她跟我聊天開心嗎？」「我該說什麼？」「我接下來要怎麼做？」「我等一下要送她回家嗎？」「她會不會討厭我？」

　　發現了嗎？這些想法的重點都在於「我」，都是些「別人怎麼看我」、「我表現得好不好」、「我會不會被喜歡」之類的想法。這些想法表層看來是焦點在自己身上，但深層一點看，都是關於「想表現好」的問題。當這些問題不斷在我們腦中浮現時，我們就會出現無法專心在對方身上、心不在焉，或是努力想梗、想維持場面不要冷掉、想證明自己的價值、想表現自己的優點、賣弄、裝 B……等等的行為，而這些行為往往只會將你推入失敗的深淵，無法帶你走向光明的未來。

　　那這個問題該如何破解呢？其實最簡單方法，就是「放棄表現好」。因為我們對於「表現好」會有一個既定認知，雖然我們不清楚怎樣才算表現得好，但我們心中認為一定有一個標準答案。而當我們不確定答案是什麼，但又很想找到的時候，大腦就會當機，於是腦中變得一片空白；另一種狀況是我們心中有一個已知的標準答案，但那個標準答案很可能不適合現況或是我們自

身，但我們卻沒有發現，於是我們的努力表現變成東施效顰，一樣對於關係沒有正面幫助。

　　所以我們第一件要知道的事情就是「世界上沒有標準答案」，每一件事、每一個狀況、每一個人，都存在著不同的應對方式，而每一個人也都各有自己不同的特質與迷人之處，一味的將所有人都套在同一個框架下去量化自身的魅力、去要求所有人都要符合某一個標準，我認為不僅沒有意義，甚至可以說是扼殺了每個人最具吸引力的部分。所以唯有先放棄尋找標準答案，我們才有可能放鬆的表現自己，而當我們放棄尋找之後，就有多餘的能量可以跟對方交流，因為不用再將精力集中在腦海裡尋找答案。而當我們變得更輕鬆，魅力自然就會散發，不需要依靠過多的技巧或方法，就能自然找出與別人的相處之道。

感情失利主因 4. 標籤化

誤判局勢

　　「標籤」是讓我們能更快速了解、認識、分類人事物的一種方法。人的時間精力有限，但我們每天接收的資訊及刺激又過多，為了應付這樣的狀況，我們就產生了分類的機制，讓各個不同的標籤被分到不同的資料夾之中，以便我們能用最快的時間及最少的精神，來規避危險及追求有利資源。

　　由於現代人的生活水平及安全性早已遠大於從前，所以「標籤」的功能演化至今，相較於過往的規避危險，反而更著重於「如何與他人相處」。對於吃得飽穿得暖、不用擔心隨時會有野獸襲擊山洞的現代人而言，「人際關係」已經成為了最令人煩惱的一個問題。

　　那為什麼「標籤化」會成為我們在感情中失敗的因素呢？主要是由於資料庫的累積不足的緣故。「標籤」是非常感受性的事，也就是所謂的經驗法則。舉例來說，如果我們第一次看牙醫時，

牙醫和藹可親、牙助甜美可愛、診所裡一片祥和，而且過程中完全沒有痛苦，那我們很可能就會覺得看牙醫沒什麼大不了的，甚至可能會認為是件輕鬆愉快的事；反之，如果我們有過牙醫很粗魯、牙助很兇、候診時不斷聽到診間傳來的慘叫聲，在未來，我們很可能就對「看牙醫」這件事留下陰影。而「標籤」的形成方法不僅來自於自身的體驗，也來自於身邊的人的經歷，甚至是社會主流價值觀的影響。例如我們常在許多網路流傳的爆料或分享文底下，看到有人說：「一定不帥」、「一定不有錢」、「人帥真好人醜性騷擾」等等的留言，這些都是主流價值所帶來的標籤，但由主流價值觀帶來的標籤並無法精準的代表個別狀況，於是我們被不客觀的標籤影響，產生了不客觀的判斷，最後得到了不理想的結果。

　　我用一個更具體的方式來說明，不夠精準的標籤是如何影響我們的感情：當我們看到一個漂亮女生時，心裡第一個產生的想法是：「哇！好正！」接下來很有可能就會出現：「她一定很多人追吧！」

　　我們無意識的幫「正妹」這種生物貼上了「很多人追」的標籤，如果你對於自己的看法又是「沒什麼特別的」，那你很可能就會在行動之前放棄，因為你對於這個狀況的評估是：戰力懸殊，

必敗無疑。如果你還是想試試看，你可能就會使用各種積極的攻勢，找對方聊天、邀約、肢體接觸等，但同時你的心裡又不斷產生「我是眾多追求者之一，我要努力勝出」這樣的想法，於是每當對方的回應冷淡，你就會開始產生「她要被別人追走了」、「她一定在跟別人聊天」的想法，最後就因為受不了壓力而淡出或自爆。不論是哪一種狀況，最後得到的通常都不會是什麼好結果，於是在你的經驗資料之中，對於「正妹」這種生物，你除了貼上「很多人追」的標籤，還會新增一個「危險！很難追」的紅色標籤，用來提醒自己下次不要再輕易嘗試，避免心靈受創。

　　除了不同類型、不同長相的女生以外，我們對於其它的事物也會貼上標籤。例如約會、追求、交往、女朋友、異性緣好……等等，我們自有一套對它們的解釋，而這些解釋也有可能讓我們陷入制式的行為模式之中動彈不得。舉例來說，如果你認為追求就是要積極主動、獻殷勤、花錢、不怕困難，那你很有可能會在一開始的時候就給對方過大的壓力，因為你會一直想約對方、想跟對方聊天、想請人家吃飯看電影，就算碰了軟釘子也屹立不搖。當然，這樣的行為的確有可能讓你獲得幾次的成功，但它不是一個可以保證的成功模式，除非你每次都遇到同一個類型的女生，但如果是這樣的話，你也不用看這本書了。這種對追求的定義，

會讓你「無法尊重對方意願」，因為你會一味的認為要勇敢、要積極、要熱情，於是把對方的所有拒絕一律視為測試，認為這是要救公主出塔的關卡之一，但事實上，這樣的行為通常不會讓女生感動，只會讓人家反感，認為你很不識相、白目、很煩。但其實你也不是故意的，這單純是因為你對追求有著某種標籤，導致你忠實的去執行而已。

由此可知，不精準的標籤不僅無法為我們帶來快速便利的判斷效果，還很可能讓我們誤判情勢，以致於一步錯，步步錯。

所以與其使用這種沒用的標籤，倒不如乾脆捨棄標籤的便利性，換句話說，就是放下我們的預設立場及成見，重新開始建立資料庫。最簡單的方式就是把對方回歸到「人」的本質，知道對方是個人，不管再美或再醜，都還是個人。而只要是人，就必定有人的恐懼跟欲望、有感情、有想法、有需求，從這樣的角度開始了解對方，真實的感受對方為什麼是現在的她，再去尋找與她的相處之道。你不見得要從喜歡的人著手，你可以從身邊的異性朋友，甚至是同性朋友開始，去觀察人類的共通性，慢慢的，你會建立起一套屬於你的資料，這樣的資料所形成的標籤，才會真的派得上用場。

Part 3

嶄新的關係理解──
關係流程

正妹真的很難追嗎？

關係的最大與
最小單位永遠是二

　　人都喜歡美好的事物，只是每個人對於美好的見解和認知不同。就像女生還是會喜歡帥哥一樣，我們喜歡正妹也是很合情合理的事。喜歡好看的事物並沒有錯，但如果妄想美好的事物能夠輕易得到，那就叫作夢。

　　在上一章，我們提到了「標籤」，我相信大部分的人對於「正妹」都有一個「很難追」的標籤，這個標籤讓我們在行動前就先為自己設立了許多的阻礙（詳見上一節），但事實真的是這樣嗎？為什麼我們總可以在路上看到條件看起來不怎麼樣的人跟正妹在一起？為什麼我們身邊總不乏長得不怎麼樣，但女朋友都很漂亮的人？

　　我曾在部落格的一篇文章提到，我們大多數的時候都是自己錯失了機會，在對方仍在觀察的時候，就自己打了退堂鼓（之後

的流程章節中會有詳細說明），但更常見的狀況是：我們一開始就自己嚇自己。

我們來看一下這張圖：

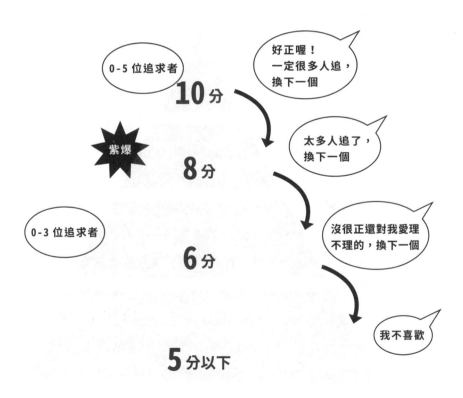

　　大部分的男生看到十分的女生，會先驚豔：「X！好正喔！」然後接著就開始害怕。有一次我在講座問大家：「現在有一個正妹，你們覺得她有多少人追？」大家紛紛回答：「五個」、「八個」、「十個」、「二十個」，但我什麼資訊都沒說，只說她是個正妹，大家就能腦補成這樣，真的看到本人還得了？說不定她跟小龍女一樣，住在谷底十六年，所以都沒人追啊！

　　由於這種莫名恐懼的心理，所以我們常在路上看到正妹跟個胖子走在一起，然後我們心裡暗幹：「幹！憑什麼那個死胖子交得到那麼正的女朋友，我卻連個女朋友都沒有？」說白了就是沒種，自己把自己嚇死了，人家沒在怕，所以他就贏了。正因為這種自己嚇死自己的心態，大家以為最多人追的十分妹，其實大概同時只會有2～5個的追求者，但這些追求者多半悍勇異常。

　　因為十分妹感覺太多人追了，所以大家就會想：「那我來追個也很正，但沒那麼正的，總不會有那麼多人追了吧？」於是轉戰八分妹，然後發現八分妹的戰場才是真戰場，人人都想著一樣的事，所以八分妹的戰場根本紫爆。（註：紫爆是 ptt 的用語，是指看板人氣達到十萬人以上的時候，會在看板前顯示一個紫色的「爆」字，位於黃爆之上，是目前等級最高的爆，也是鄉民們的重要目標，一直到 2014 年 3 月 23 日才終於因反黑箱服貿事件在八卦板正式達成。

而若空氣污染過高，PM2.5 指標也可能達到紫爆。）

　　其實就算紫爆也沒什麼大不了，但就像追十分妹的心情一樣：「好多人追喔，我一定追不到，還是放棄好了。」看八分妹對自己的反應好像不是很好，所以就迅速脫離戰場，導致八分妹的戰場是流動率最高的，永遠都有人不斷掉隊，然後馬上又有人補上。

　　這樣的現象讓八分妹變成最好追也最難追的一群人。八分妹看多了男人的追求，經驗值變得異常高，然後又因為男人們迅速的脫離戰場，產生了：「男人說的喜歡都只是說說而已」，變得更不相信男人，廢測也隨之變多。但也因為這樣，所以八分妹異常好追，因為你只要不踏入紅海市場，就可以一秒脫穎而出。

　　在脫離八分戰場後，有些人可能遇到了六分的女生，心想：「六分的總沒人追了吧？」於是開始展開一些行動，但基於「覺得對方也沒很正，自己應該可以」的心態，加上女生的觀察期作用，就容易發生「女生有點冷淡，男生開始不爽」的事件，男方心想：「X！妳又沒多正，是在跩個屁啊！」但重點根本不是人家正不正，人家就算長得像如花，也有資格決定自己要喜歡誰吧！當你抱著這種心態的時候，就算人家半分也沒有，也絕對不會喜歡你的。

　　在六分妹也失利的情況下，有些人會開始思考是不是要再調

整下限，但想一想，又沒辦法接受五分以下的女子，所以就產生了大批「繼續想追六到八分妹，但卻不斷失利的男子」。

如果你符合上面的敍述，又想要交到女朋友，那首先我們要認清一件事：「一個女人有多少人追跟你一點關係都沒有，她就算都沒人追，她也不見得要喜歡你；反之，就算她有一百個人追，只要你有本事，你就可以追到手。」當你問女生：「妳是不是很多人追啊？」的時候，根本就自動告訴對方你超魯。高手才不會在意對方有幾百個人追，高手的著眼點在於：「我要怎麼做？」

第二件要釐清的事情是：「不管她幾分都一樣，只要是人，就會有恐懼欲望，只要有恐懼欲望，就可以利用。」正妹有正妹的恐懼、普妹有普妹的恐懼，就像有錢的人和沒錢的人都有恐懼一樣。不要以為正妹長很正就好像所向無敵，我也有遇過超有錢的人來找我處理感情問題，只要是人，就有弱點，只要有弱點就可以進攻。

我們在感情上失利，往往都是因為自己的心魔造成的，而心魔正是我們在前面章節提到的：與自我的關係。任何的「我會不會不夠好」、「她會不會不喜歡我」、「她是不是很多人追」、「我是不是長太醜」，全都是你自己想出來的，你怎麼知道對方也是這樣想？當你在感情中，只想到跟你自己有關的事，你怎麼有餘力真正去體察別人的需求？只有真正去體察別人的時候，你才會

知道對於對方來說，真正重要的是什麼？而不是你認為重要的是什麼。

　　在我們即將要開始討論整個關係流程之前，你必須先建立這個重要的觀念：「關係的最大與最小單位永遠是二。」不論這個人有多少人追，她跟你的關係就僅限於她跟你的關係，你們的關係不會因為他人而受到影響，就算有人跟她說你的壞話，她採信的原因也是因為跟你的關係不夠好，跟另一個人的關係比較好，所以她才會選擇相信另一個人而不是相信你。同理，不論這個人多沒有人追，只要你跟她的關係不好，她也不會跟你在一起。交往不是在眾多人之中海選，硬要選出一個第一名，對女生來說，交往人選永遠是可以從缺的，只要她們願意不結婚、不生子，她們這輩子都可以不隨便選一個人交往，所以你不要妄想自己比其他競爭對手好一點，就一定可以雀屏中選。

　　只要你建立了這個觀念，你的心中就再也不會出現任何情敵的威脅，因為你很清楚情敵的事與你無關，你唯一要做與唯一能做的事，就是不斷建立與對方良好的關係，將注意力完全集中在自己的影響力範圍，而不是浪費時間去煩惱影響範圍以外的事。

　　如果你準備好了，就請往下翻，接下來，我們要開始研究關係的具體走向與流程。

女性的安全感來源
看見她的獨特性

　　我們常會因為投射的作用，在與一個人初識，甚至還不相識的時候，就覺得自己喜歡對方。這種喜歡基本上與對方的內涵完全無關，僅是對方的長相及標籤讓我們心中產生了某些期待及憧憬。我們會將這樣的感覺解釋為喜歡，卻不知道這樣的喜歡是絕大多數女生最討厭的事。

　　當女生面對這種「你明明不認識我，卻一副好像很喜歡我的樣子」的情況時，心裡的 OS 往往都是：「你又不了解我，到底在喜歡我什麼？」

　　女性厭惡這種不明究理的喜歡，原因主要來自她們在生物性上對擇偶的長期策略。以繁衍的角度來看，女性所要承擔的成本遠高於男性，不僅要辛苦懷胎十月、在這十個月內忍受懷孕的各種不便，也因為要保護胎兒，必須降低自己的勞動能力。在勞動能力減低的情況下，所能收獲的資源就會變少，這勢必會影響自

身及嬰兒的存活率。在經過十個月的忍耐之後，也因為嬰兒無法立刻自行存活，所以女性仍無法馬上擺脫勞動力降低的窘境，至少得在經過五到七年的時間，才有辦法不用時時刻刻照顧嬰兒，恢復生產力。

這樣算下來，女性只要一進行繁衍的行為，就至少有六到八年的時間得降低生產力，那這段時間的生活資源必須由誰來負責？在漫長的六到八年間，這個負責提供資源的人是否有可能會離開，導致資源的供給中斷？這兩個問題是「繁衍」之於女性的最大風險。

當人類還是穴居人的時候，這樣的風險主要來自於兩點：資源提供者是否有辦法確實提供資源（打獵能力），以及資源提供者是否會在過程中掛掉（壽命）。到了現代，雖然人們有可能因為工作而過勞，但比起過去因為打獵而掛掉的比例，已降低非常多。所以對女性而言，「資源提供者」離開的風險，從壽命的長短轉變為專一的程度，也就是對方是否有可能離開自己。

而當一個異性是因為外表的原因喜歡上自己時，女性會非常沒有安全感，因為她們知道自己無法抵擋時間的流逝，最終她們會老、會醜、皮膚會鬆，但比自己更年輕的女人永遠不會少。如果自己唯一的優勢只有外貌，就絕對不是長久之計。

　　越漂亮的女性越容易有這樣的困擾，因為她們比其他女性更容易遇到對方單看外表便決定追求的狀況。而她們也因為外型出眾的關係，不論做出什麼樣的努力或得到什麼成就，別人都會跟她們的外貌扯上關係，例如「美女博士」、「正妹醫生」……等等。也因為這樣，許多外型優美的女性對於自身除了外表以外的價值，感到相當的不安，對於「真實的自己」是否會被別人喜歡，也抱持著質疑的態度。

　　女人喜歡自己是漂亮的，因為那是為自己爭取更多機會的絕佳方法，但矛盾的是，她們並不喜歡別人被她們吸引是因為她們的漂亮，這會讓她們連結到自己是容易被取代的，所以她們需要的安全感，其實就是獨特性──一個證明自己不會被取代的獨特感。

　　她們希望自己並不是因為那些顯而易見，或跟性相關的優點而被喜歡，這種喜歡她們稱為膚淺，她們要的是內在與真實的自己被接納、被愛，不論是多麼陰暗不堪的部分。所以比起一見鍾情，她們更嚮往的是在認識與相處的過程中，被當成一個「人」來對待，並且因為自己的特質而被喜愛。

　　當然，這是在雙方關係平等的情況下所出現的最好狀況。但也有一部分的女性，則因為不斷對男性感到失望，最後選擇了另

一種安全感——讓你一輩子追不到我。

　　這種狀況常出現在女性到了適婚年齡，卻仍沒有遇到把自己當成人來喜歡，又讓自己心動的對象。在想結婚或避免社會壓力的考量下，她們可能就會選擇一個看起來條件最可以的追求者，來完成終身大事。但即便與對方進入婚姻，她們也很有可能其實不愛對方，只是因為清楚對方非常迷戀自己、不會離開自己，所以她們擁有了「不被拋棄」的安全感。最後兩人的關係會變成：男方認為自己幸運娶到女神，對女方無微不至的照顧，但女方卻對愛情死心，只是在履行「結婚」這個符合社會框架的人生里程碑。

　　雖然「獨特感」及「讓你一輩子追不到我」都有可能達到同樣的最終目標，但以長久的關係及對個人的影響來看，如果你想追求的是愛、是真正的親密關係，建議你還是多花點時間，真實的與對方相處，建立更為踏實的親密感。

流程圖與詳解

關係 SOP

　　戀愛之所以麻煩，就是因為很難有一個可以遵循的既定流程，這也是大多數人覺得戀愛難教或難以學習的原因。在這裡，我們建立了一個基本的關係流程，是我們整理出來通往長久關係最基礎與安全的模組。當然，在很多情況下，關係並不會完全照著這個流程走，這只是我們統整出來的一個方向，提供給你作為參考。（見右頁圖）

　　在這邊我先簡單介紹整張圖的流程走向，之後每一個章節分別會有詳細的說明。

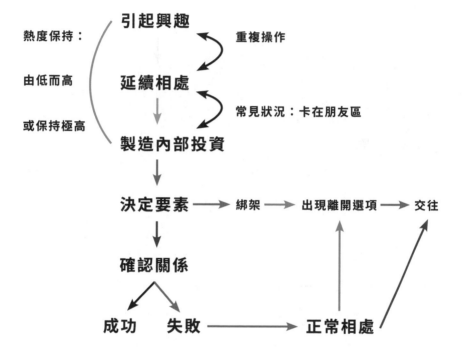

熱度保持：

由低而高

或保持極高

引起興趣

重複操作

延續相處

常見狀況：卡在朋友區

製造內部投資

決定要素 ⟶ 綁架 ⟶ 出現離開選項 ⟶ 交往

確認關係

成功　　失敗 ⟶ 正常相處

　　這張圖涵蓋了從認識到交往的過程，這裡所謂的「認識」指的並不是實際上的認識，而是從兩人開始有互動算起。關係的開始，必定要有一方主動，而主動的原因，在出了社會、無法像過去學生時代必須時常見面之後，通常必須伴隨好感，也就是「對這個人感興趣」，兩人才會展開互動，所以我們的第一步就建立在「讓對方對你有基本程度好感，願意與你有後續相處」這點，也就是「引起興趣」上。

　　在對方願意跟我們基本互動之後，才會有延續相處的可能性。而在延續與對方的相處時，仍然要不斷的重複引起興趣的動作，以避免對方的興趣消失、冷掉，所以在這裡，我們必須反複進行引起興趣及延續相處。

　　當我們開始持續與對方維持穩定的相處後（這裡指的並不是實際的時間長度，而是熟度），就可以開始讓對方產生內部投資。別忘了，讓一個人喜歡你的方法並不是與對方相處的時間有多長，而是讓對方在你不在的時候花更多時間想你。

　　進行上述三個步驟時，我們的熱度可以有兩種模式，第一是由低到高，這是很合理的關係進程，由不熟到熟、由不了解到了解，所以兩個人的互動變得越來越熱絡。另一種模式則是一直維持極高，這種模式常見的狀況是在交友軟體或是聯誼等目的性明

確的場所與對方認識，兩個人都有「把對方當對象」的共識下才容易產生。在這種前提下，如果我們還打算走一個慢慢來路線，就很容易錯失對方的高熱度的機會，無疑是潑對方一盆冷水，所以在這種情況下就要打鐵趁熱。

　　如果前面的步驟完成得相當紮實，基本上距離進入關係已經不遠了，只要有個好的時機、兩人關係再更親近一點就可以確認關係。但如果前面的步驟並沒有讓關係達到曖昧的效果，這時我們就要採取一些補正的動作，也就是流程圖中的「決定要素」。「決定要素」涵蓋的範圍較廣，從加強心動感到克服外在阻力都有，所以在這裡先不多加說明，等到後面的章節再細說。這裡先讓大家知道，這是一個補正用的動作，如果關係順利的話就不必執行，可以直接跳到「確認關係」。

　　「確認關係」也就是眾所週知的承諾——雙方是否彼此承諾與承認交往關係，而其中一種方法則是大家都知道的告白。「確認關係」之後，如果對方對你的喜歡程度不夠深，或因為某些因素的考量而拒絕了，這時候也不用沮喪，請務必先跟對方正常相處一段時間。之所以要正常相處，是因為有時候對方並不是不喜歡你，只是覺得速度太快了，還有些事情沒想清楚、評估清楚，所以無法貿然下決定（有一種類型的女生會考慮特別久，她們對

感情過於理性，驅動她們行事的往往不是基於自身「想要」什麼，而是想「避免」什麼）。正常相處的這段時間則是給予對方一些緩衝，也可以趁這個時間認真思考兩人未來發展的可能性。如果在這時候就爆衝開始亂搞，或是就改追別人，很有可能會讓原本的機會消失，所以在這種時候，務必保持像之前的相處模式與對方互動，保持平常心，知道事情還沒走到死局。

如果在你們正常相處了一陣子（通常為一個月左右），對方還沒有提起關於交往的事的話，你可以再度提起看看，如果還是被拒絕，那我們就要準備往「出現離開選項」的方向發展。

在講離開選項前，我們先來看「決定要素」的右邊有一個「綁架」，指的就是「出現離開選項」，但它挾帶了彼此的感情基礎，如果雙方沒有良好的關係基礎，綁架是完全不具任何效力的。所以這也是為什麼我們會花許多時間在「延續關係」上，因為不論是要建立長期關係，或是讓對方決定跟我們交往，關係深度都有很大的影響力。

到了「出現離開選項」這步，你就必須要下一些決心了。「離開」不是為了讓對方回來，這只是可能出現的附加效果。「離開」主要的用處在於讓你能不被限制，面對關係能用一種更隨緣的態度，明白兩個人在一起很好，但如果對方有她的原因無法跟你交

往，或是不想跟你交往，那也無妨，你仍然有眾多的選擇及美好的人生。當你用這樣的態度去面對關係時，才是真正的離開，而不是欲擒故縱、虛情假意的使用手段，使用手段的副作用很強大，因為你可能根本忍不了多久，最後還是會自爆，所以這裡的「離開」指的是真正的、心理上的離開，而不是表現或手段上的離開。

　　當你離開之後，對方有可能因為你的不在，而開始想念你的好，然後產生想擁有這段關係的想法，這時候對方多半會回頭聯繫你，但誰知道這時候你還想不想跟她在一起呢？

　　以上是整張圖的流程，中間的線條顏色則代表了你的熱度，越暖色系代表越熱，越冷色系代表越冷，黑色則是因為交往以後不在本書討論範圍，沒有其它特別涵義。

　　接下來我們要開始進入每一個環節的詳細說明及重點，還有注意事項。

她喜歡我嗎

判斷關係進度

　　在開始講整個流程的細節操作以前，我們必須先了解一件更重要的事——如何判斷關係是否有前進。

　　常言道：「知己知彼，百戰不殆」，我們除了要知道自己的情況及作戰策略以外，也必須知道對方的狀況，否則就很有可能在判斷錯誤的情況下搞砸。許多人的關係之所以搞砸，除了上一章提到的四點之外，跟「不了解關係進度」也有很大的關聯。

　　搞錯關係進度的人，不是在對方對自己沒有好感的情況下吃醋、宣示主權，不然就是等到女方的曖昧度歸零，才驚慌失措的想確認關係。不論是哪一種，都是沒有在對的時間做對的事，導致關係形成僵局，或是該交往的擦肩而過。確認「關係進度」這件事，在感情中是相當重要的，在對的時間做對的事，絕對會讓你在關係中少走非常多冤枉路。

　　坊間也有許多教人辨別女生對自己有沒有興趣的方法和指

標，例如「約不出來就是對你沒興趣」、「看對方的肢體語言」等等。在這裡，我比較不傾向用這種方式判別，因為從單一的結果上來認定關係，我認為稍嫌武斷，約不出來有很多種可能，沒辦法直接判斷為「一定是對你沒興趣」。而肢體語言的解讀更是千變萬化，一個讀錯可能全盤皆錯，所以與其冒這麼大的風險，我認為不如採取較長時間的綜合評估，會更為準確。

判斷關係進度我們首先用以下四個階段來簡單區分：

階段 1. 回應

如同字面上的意思，就是對於你這個人拋出來的訊息或話題，有基本的回應。這個階段，基本上就只是把你當成普通朋友或認識的人，多半沒有太大的感覺。

很多人會在路邊搭訕，或是參加什麼活動而跟女生要到LINE 或 FB、IG，在得到聯絡方式後拼命的想跟對方找話講，或是想約對方出來。在對方對你幾乎全無好感的情況下，如果又沒有加上稍微增加熟悉度及鋪陳，這樣的行動往往會導致我們被封鎖。

千萬不要把「要到 LINE」這件事看得太過樂觀，以為自己一定有機會，或是對方應該也對自己有點好感，更多的情況是女

生不好意思拒絕（如果是搭訕，則有可能是想打發你），才留下聯絡方式，這不代表她們就會歡天喜地的接受你的訊息轟炸或是瘋狂邀約。

當關係還在「回應」階段時，我們要做的第一件事情是不要太迫進，以免對方產生壓力，尤其如果是透過通訊軟體聯繫的話，這點就更為要緊。對照關係流程圖來看，這裡要做的是「引起興趣」，先用輕鬆或是公事的話題與對方自然對話，不要躁進也不要一次聊太多，先留下「正常人」的印象，才有可能有後續。

階段 2. 傾聽

傾聽指的並不是對方聽你說話，而是相反過來——對方願意讓你多知道一些自己的事。不論是日常的事、衰事、價值觀、以前的故事，任何事都行，只要對方願意跟你說的事情變多，就代表她對你的安全感上升。只要對方對於問題的迴避有減少，甚至會主動分享，那就是關係往前的指標。

在這邊有個需要注意的部分是——對方是否本來就是個話多的人。如果對方本來就是個很寂寞又愛講自己事情的人，那資訊的數量基本上沒有太大的意義，因為對方很有可能只是想找個人講話而已。這個概念同樣也可以套用到「心情垃圾桶」上，所謂

的「心情垃圾桶」，指的就是女生不斷對你傾倒負面情緒。以我個人的觀點來說，我不認為女生向自己傾倒負面情緒是不好的事，甚至有非常大的機會變成加分項目，但如果對方跟你「只」說負面情緒，其他話題或邀約一概不理，那就不是什麼好現象了，她八成只是想找個人抱怨而已。

與關係流程對應，傾聽的階段就是處於「延續相處」的部分。在這個階段中，我們可以透過對方透露的資訊來決定自己是否要與對方繼續發展，或是將關係停留在這裡。如果你希望關係繼續前進，則可以用後面我們會提到的「多元性」及「反差感」，來增加對方對你的興趣程度，也可以利用「製造內部投資」，來讓雙方的關係住戀人的方向邁進。

階段 3. 關心

當對方開始會主動關心你、了解你的資訊時，你們的關係最少已經是「好朋友」的階段。我們常會看到有人追女生的方法，是定時發送早安、午安、晚安、明天會下雨、寒流要來了、記得要吃飯……等等的問候訊息，他們會這樣做，並不是因為他們蠢，而是因為這是人類的自然行為——關心自己重視的人。所以當對方與你的聯絡頻率變高，並且會主動關心你的生活及各種狀況

時，通常都是對你有相當的好感及信任感。到了這個地步，不論你要邀約、聊天、講心事，都會變得非常簡單。

　　如果你們是同學、同事、宗教集會，或是活動認識的朋友，這一類「男女目的性」較低（參加活動的主因並非為了認識對象）的認識方法的話，到這階段還無法判斷對方對你的好感度是偏重於友情還是愛情，但如果你們認識的管道是聯誼、相親、交友軟體、搭訕之類「男女目的性」高的場所的話，那幾乎可以確定對方對你的好感程度相當高。因為「男女目的性」越高的認識管道，目標就會越單純，同時 BASE 數也會越高，如果對你沒有太大的興趣，是不會花太多時間精力主動關心你的各種狀況或心情的。

　　到了關心的階段，我們對應到的關係流程會是「製造內部投資」以及「決定要素」兩者。透過「製造內部投資」來讓對方有更多時間去想你，甚至是跟你有關的未來，這會有效增加對方對你的喜歡程度，別忘了，決定你喜歡一個人的因素，不是你花了多少時間跟他相處，而是在他不在的時間，你花了多少時間想他。而「決定要素」則可以補正在你們相處期間，任何可能讓對方不想跟你交往的障礙，讓進入交往的阻力降到最低。

階段 4. 順從

　　當對方對你的要求或話題，絕大多數在結果上順從的時候（結果上順從指的是，中間的過程可能會有討價還價或反抗，但最後還是同意了），基本上你們的關係應該已經到了「曖昧」的程度。從聊天時你開啟的話題，對方的應和程度、你提出邀約時，對方的同意程度、你提出的要求，對方的配合程度……等等的指標中，都可以判斷出對方是否進入了順從的階段。

　　一旦到了順從，我們就可以進行「確認關係」的步驟，直接向對方確認交往的意願。但有時候狀況不見得會這麼順利，如果對方完全沒有暗示過任何跟交往有關的話題，有可能是她只想維持這樣的關係。這時候有兩種作法：一、繼續曖昧下去，讓對方更喜歡你，但切記曖昧時間最好不要超過一個月；二、使用「離開」。

　　「離開」之所以會出現在這，是因為有些女生並沒有想那麼快交一個男朋友，可能還在走走看看，或認為維持現狀就好。在這種情況下，「離開」會打亂對方的腳步，讓對方慌了手腳，然後產生「必須先把這個人找回來」的衝動想法。還有一個比較罕見的情況，也能透過「離開」來處理，那就是——這個女生不知道自己喜歡你。有些戀愛經驗少的女生並不知道什麼叫喜歡，或

無法確認怎麼樣才是喜歡，所以即使你們已經在曖昧了，她還是有可能沒有意識到自己喜歡你，這時候「離開」所產生的痛感，可以讓對方意識到原來自己對你的感情並不只是朋友，進而達到交往的結果。

很多人在關係好的時候不敢使用「離開」，擔心自己只要消失個幾天，對方就會另結新歡，反而是在關係不好的時候想使用欲擒故縱。如果一個人很喜歡你，絕對不會因為你不見幾天，就放棄跟你的關係，或是馬上去找新的對象，就像你喜歡的女生三天不回你訊息，你也沒有立刻不喜歡她一樣。但如果一個人已經不喜歡你了，那你就算欲擒故縱、消失個一個月，說不定對方都不會發現。

「離開」在這個階段是一個簡單而有效的方法，有機會讓陷入僵局的關係打開新的局面，但前提是你必須來到這個階段。「離開」之所以有用，是因為你對對方來說是個重要的人，成功的關鍵在於你們的關係深度所造成的不適感，而不是「離開」這件事。

在判斷上述的四個階段時，還有一個非常重要的參考值必須注意，那就是「基準線」。每個人都有自己的合理行為範疇，這種範疇就叫「基線行為」，而當我們的行為偏離了基準線時，表示我們受到了某些東西影響，這叫作「偏離基準線」。

　　「偏離基準線」是女生有沒有喜歡你的最重要指標，相比什麼約不約得出來、聊天頻率高低、回應內容多寡等等，「偏離基準線」是最具參考價值的點，因為每個人的個性跟喜好都有差異，如果只單用一套標準是非常容易有偏誤的，但如果我們以對方為一個基準指標來作判斷，就很容易看出對方的行動差別。

　　舉例來說，有些女生不喜歡用通訊軟體聊天，如果我們單純只以回應的速度跟頻率來看的話，很有可能會得出「對方對我沒興趣」的結論，但事實上，她們只是懶得打字而已！這時候如果我們採取的指標是基準線，那就可以看出對方跟我們聊天時的回應速度及品質，是否有優於過往，如果有，表示關係有在前進，再加上如果對方與你實際碰面或電話中的反應都很良好熱絡，那就表示對方並不是對你沒興趣，只是懶得打字，這時候我們就可以將相處策略轉換為實際見面或電話聯絡。

　　除了這種正向指標之外，有時候負面的偏離基準線也是好的現象。「偏離基準線」代表了狀況特殊，如果你確定對方沒有討厭你（最簡單的判別法是對方是否有將身體方位朝向你，還是避開），而你們之間又沒有利益關係或其他因素，那有非常大的可能表示她喜歡你。例如原本跟你相處都很正常融洽的女生，最近突然都不太看你，在有你跟其他人在的場合也不太理你，但你們

私底下的相處又非常正常愉快，這很有可能代表了她不知道要如何在公眾場合跟你相處，才不會讓別人覺得她好像喜歡你。

其它舉凡：活潑的女生面對你變得話少、高冷的女生對你話多、平常都跟別人打鬧的女生完全不會跟你肢體接觸……，都是偏離基準線的狀況，這些狀況都代表了「你是特別的」。

而找出對方基準線的最快方法，就是觀察對方對待其他異性的態度，跟對待你的態度是否有差別。如果你們之間並沒有共同朋友，以致於你無法觀察的話，你也可以觀察對方從以前到現在對待你的態度是否有落差。如果對方從一開始就喜歡你，基本上這段關係的進展應該會相當順利，你也不用來看這本書了，所以我們假定對方一開始對我們都是沒有特殊好感的，所以如果現在的相處跟以往有落差，那就表示關係是有前進的。你也可以觀察對方以往的用詞方式及語氣、肢體動作、跟你的距離有多遠，跟現在有什麼差別，用以判斷關係的變化。

除非你會通靈，否則基準線絕對是觀測對方是否喜歡你的最快、最精準的方式，別再相信一套公定的標準了，開始找出每個女生的客製化標準吧！

Part 4

引起興趣

所有優點都只是加分

關係基底

　　我們常會以為女生喜歡我們、想跟我們有更多來往，是因為我們有某些優點，但事實上，女生對於「保持聯絡」的要求遠比我們想像中來得低。女生並不要求我們有多優秀、多帥氣、多有錢，只要我們是一個「正常人」，絕大多數的女生就願意跟我們有最基本的聯絡。

　　當然，僅僅只是一個「正常人」，並無法吸引別人想跟我們交往，但當一個「正常人」卻是基本中的基本。過去我們認為在戀愛關係中能讓我們吸引異性的東西，不論是幽默、有內涵、有經濟實力、多才多藝，它們都只是「加權」，只要你沒有基本分數，這些加權就無法產生效用。

　　或許你常聽到女生說喜歡幽默、風趣、有才華、溫柔、體貼、MAN 之類特質的男性，於是你也積極想讓女生感受到自己的這一面，但在你展現這些特質之前，必須知道這是有前提的，而這

個前提就是我們說的「你是不是一個正常人」只有在你是一個正常人的情況下，這些特質才會被看到。

　　我常在各種場合看到企圖展現自己的男生，不停向對方展示自己的優點或才能，但女方則是興趣缺缺。這樣的行為不僅無法為自己加分，反而讓自己被列為「怪人，不想來往」的聯絡禁區之中。正因為想這樣表現自己的人很多，才會導致現在女生願意跟別人有往來的門檻降低到「只要你是個正常人」就好。

　　在往下提到其它可以為我們加權的優勢之前，得先花點時間來講講關係的基底。正如蓋房子地基必須穩一樣，關係也必須有穩固的基礎，才能撐起未來長久的相處。而關係最主要的基底在於——兩人是否能感到自在。

　　「自在」是建立在安全感之上的，為什麼我們到了陌生的環境會覺得緊張、不知所措？因為我們對於這個地方的人事物都不熟悉，我們缺乏了對這個環境的安全感，所以相較於熟悉的地方，在陌生環境裡我們多了一份謹慎。這份謹慎用來保護我們不致於陷入危機、不得罪人、平安渡過這段時間，但同時也讓我們感到不自在。一旦我們對這個環境變得熟悉，知道這裡是安全的、自己是不會被攻擊的，我們就會開始放鬆、能比較自在的待在這個環境裡。由此可知，當我們沒有安全感時，我們是無法感到自在

的。

　同理，當關係中的安全感不夠時，雙方就無法自在的相處。而這個不安全感往往是來自於我們認為自己正在被評價，或認為自己可能受到傷害，所以必須小心謹慎，也就是我們在前面章節提到的「想表現好」。「想表現好」的意圖會破壞關係中自在的感覺，因為「想表現好」代表了我們並不信任自己與對方。我們不相信這樣的自己會被喜歡，也不相信對方會願意接納不美好的自己，於是意圖產生了，關係也跟著變得不自在了。由於對方感受到你的不自在，她的潛意識會接收到「這個人並不信任我」的訊號，多數人都不會對不相信自己的人敞開心胸，於是她也跟著不自在。

　當兩個對彼此都沒有安全感的人開始相處，即便性吸引力很強，也容易變得只剩下激情上的碰撞，而非真實心靈的契合，這樣的關係即使開始，也容易早夭，因為兩人並未幫關係建立穩固的地基，任何的風吹草動都有可能將這段關係擊倒。

　而所謂的「正常人」，其實指的就是能讓別人自在相處的人。通常只要你能滿足「不難聊」、「不句點」、「輕鬆好相處」、「符合基本人類禮儀」、「眼神不猥瑣」，你大概就可以被歸類為「正常人」。大部分的人卡關的地方，都在於把「不難聊」想得太過

困難，以為自己一定要多麼幽默風趣、多才多藝，才能符合條件。而「想讓自己幽默風趣、多才多藝」正好命中了我們說的：「想表現好」，一想表現好，我們的腦袋就當機、肢體就僵硬不協調，於是開始變得不好聊、很句點、非常不輕鬆。但只要我們讓自己維持在「不要想那麼多」的自在狀態裡，這些狀況幾乎就能自然的完全避免，根本不用花太多心思就能做到。當你能讓別人與你互動自在時，你就已經贏過大部分的競爭者了。

完成這個部分之後，我們再往下看關於「兩性關係」的加權項目。

Point

對女生來說，所謂可以有基本聯絡的「正常人」，就是可以「自在、舒服相處」的人，這是很多人做不到的事。記得，導致自己沒有魅力的其實是「如果我做得不好、被拒絕，我會很崩潰」的害怕想法所產生的壓力。這種壓力會確實的傳送給女生，就會讓人覺得不自然、怪怪的，進而產生「不知道怎麼跟這個人相處」或是「跟他相處好麻煩」的感覺。因此要留在賽局裡，請先拋下「想表現好」的想法。

硬道理

資訊供給與
經濟供給

在我們變得自在之後，就可以開始討論其它讓我們更有機會吸引異性的項目。

加權項目簡單區分為硬道理跟軟實力這兩種。硬道理包含了資訊供給跟經濟供給；軟實力包含了娛樂供給跟心靈供給。不論是硬道理還是軟實力，它們都又分別能提供安全感與心動感。所以如果你想要提升自己的吸引力，不見得要將自己變得十全十美，不論你想走的是硬道理路線還是軟實力路線，只要能專注於某個自己擅長的部分，加上其它供給能過均標，就能夠吸引到大部分的女性。噢，前提是你得是個能讓人自在相處的人。

我們先來解釋資訊供給與經濟供給這兩者。

資訊供給

「資訊供給」故名思義，指的是你能夠提供多少資訊給對方。不論是有趣的新聞、冷知識、專業知識，任何只要是對方不知道但有興趣的資訊，都可以被視為是資訊供給的一種。資訊供給是為什麼許多人提倡要培養興趣及提升自己內涵的原因，當你知道對方不知道的事情時，你的高度就會抬升。

如果對方涉足了某一個領域或想開始進入該領域（不論是在事業層面或休閒層面），只要你對於這個領域的資訊高於對方，就容易形成一種崇拜效應。任何的見解、情報、經驗，都列屬於資訊供給中，所以我們不難看到某些在專業領域有所成就的人，明明其它方面表現平平，卻仍能吸引到部分女性的青睞及崇拜，這就是領域所造成的崇拜效應。

正如同男人容易把保護欲誤認為喜歡，女人也容易把崇拜錯當成喜歡。對於女性來說，一個高於自己、能被自己崇拜的對象，等同於能提供保護的可靠人士。這種感覺的連結很隱微，女性大多不會意識到崇拜與保護之間的關聯，但崇拜所產生的心動感卻能相當有效的形成吸引元素。

資訊供給的注意事項

在提供資訊時，有一個常見的狀況必須特別注意，那就是千萬不要裝 B。有些人會把「裝 B」跟「價值」畫上等號，認為必須表現得很跩，才能讓別人感覺到自己的價值，或是要裝得自己樣樣精通、才高八斗的樣子才會受歡迎。事實上，如果你的整體氣質本來就不具備跩的的元素，那裝得很跩很牛逼，只會讓女生心生厭惡，不如以更自然平實的方式來與他人交流，能為你贏得更多好評。

經濟供給

「經濟供給」的部分很簡單，就是提供金錢或任何實質上的資源。經濟供給是許多不擅於追求異性的男生最常提供的部分，但只有單純的經濟供給，並無法讓對方產生心動感，因為經濟供給最主要提供的是安全感。

女性在整個關係裡的策略與男性大為不同，一般而言男性都是走短期策略──從認識到交往，女性的策略則多半是長期路線──我與未來後代的長期生活。而男女會有這樣的差異也是無可厚非的，以生物性來看，「繁衍」這件事，男性只要提供精子，所以策略只進行到「交往」（求偶）是完全合理的。而女性則是

必須背著後代在身上十個月，這十個月內不僅必須小心照顧胎兒，還得承受懷孕所伴隨的各種身體不適及不便。在臨盆之後，還得花費數年的時間將嬰兒養育到可以自行覓食的程度，所以在「繁衍」這件事上，女性的成本是無法估計的超越男性的。也因此，對女性而言，誰能為自己及孩子帶來最可靠穩定，甚至是龐大的資源，就會是她們極大的考量之一。在過去的時代，她們看誰的山洞最大、誰最會打獵，在現代，就是看誰有穩定的經濟來源。

在這個時代，幾乎大家都不愁吃穿、不用太為下一餐及住所煩惱，所以安全感來源雖然重要，卻因為人人能達標而無法形成交往的關鍵，這也是為什麼這麼多年薪破百的人在聯誼或相親活動中會不斷失利的原因——雖然擁有經濟能力，卻無法讓別人心動或想共渡一生。

雖然經濟供給無法構成交往的要素，但卻可能是造成無法交往的阻力。一般而言，當女性年紀超過 25 歲左右，就會開始為長遠的關係做準備，會開始尋找一個適合長期交往或結婚的對象來經營關係。這時候，如果你缺乏了經濟供給的條件，就有可能成為對方對你有好感，卻無法決定進入關係的原因。

經濟供給在表現的形式上，不見得是要花錢請吃飯、送禮，

只要你能讓對方知道你有穩定可靠的收入、理財及經濟狀況不糟（無負債、不過度花費），並且在經濟上對待女方不小氣，基本上就能完成女性在安全感所需的程度。如果你現階段因為某些因素，經濟狀況不佳（例如創業、轉換跑道、攻讀學位）也無妨，女性在判斷對象的經濟能力時，會將「前瞻性」也一併列入考量。或許你現在一窮二白，但只要你能展現企圖心跟積極上進的態度，即使現在狀況不佳，只要不是太在意金錢或急著要結婚生子的女性，多半都還是可以接受的。

經濟供給的注意事項

在經濟供給的部分，最需要提防的是變成 ATMan。當你只懂得提供金錢的時候，總是會出現懂得如何把你的錢花掉的女性。多數的女性不會喜歡一直被人用錢砸，她們如果喜歡你，會想要有所回饋；她們如果不喜歡你，會想要拒絕（前面提到的自我價值感），但有一種女性很懂得出售自己的時間來換取金錢。她們知道只要願意陪這些只懂花錢的男人聊天、偶爾吃個飯、對話中透露出彷彿有好感的訊息，就能得到想要的物質。所以當你的餌只有錢的時候，就容易吸引到這類型的女性。

資訊供給及經濟供給兩者，都是屬於較有形體，也較容易有

方向增進的部分。資訊供給中的「領域崇拜」，因為人們容易將「高度專業知識或經驗」與能力連結，再將能力與社會地位結合，而社會地位往往又與經濟能力有正相關，所以資訊供給也容易讓人有「你是菁英」的感覺，進而增加經濟供給的分數。

—— Point ——

資訊供給和經濟供給由於較為外顯，也較容易提升，所以長久以來一直都是男性的主要策略，尤其超過 28 歲或想成家的男性，可以在這個路線多加揣摩。

軟實力

娛樂供給與
心靈供給

相較於硬道理的看得見、摸得著、方向清晰明確，軟實力一直以來都是廣大男性所苦惱的部分。軟實力偏重於氣氛與情感的交流，對於講求數據及邏輯的理工男來說更是一塊像黑暗大陸的陌生領域。

軟實力的重點在於「滿足每個人心裡對於情感交流的需求」，它與生理需求同等重要，只是以不同的形式展現。人類對於情感交流的需求如同對食物的需求一般，差別在於前者是維繫心靈上的健康，後者維繫身體上的健康。在衣食無虞的現代社會，心靈上的滋養反而是大家更努力追求的方向。

娛樂供給

「娛樂供給」包含了所有讓人輕鬆的元素，幽默、風趣、好

玩、搞笑、懂得吃喝玩樂、享受生活……，全都列屬在娛樂供給的範疇之中。享樂一直是人類重視的事情之一，在享樂的當下，我們能拋開那些令人煩躁、擔憂，卻又不得不面對的現實，這也是現在這麼多人玩手遊、追劇、看漫畫、追星的原因。而跟懂得享樂的人相處，也會產生同樣的效果，因此一直以來「幽默」都被列為女性期望的異性特質前五名。

　　一般而言，幽默風趣這樣的能力會讓我們覺得難以培養，因為從來沒有人分析過幽默中含有什麼樣的元素。一般人以為幽默是一種能力，但其實幽默是一種面對人生的態度。當我們能用平靜的心情、另類的觀點，將你對事情的看法輕鬆的說出來，就是一種幽默。我們可以看到許多脫口秀都在做同一件事：將一件大家都習以為常的事情，用一個不同以往，甚至是離經叛道的觀點闡述，加上生動的表演，就能引起觀眾的迴響。

　　幽默感的培養需要很多不同的訓練，所以我很難在書上教你如何變得幽默，但你可以先學習不要對所有事都抱持著僵化而絕對的態度。很多人之所以相處起來壓力很大、很無聊，都是因為他們對於人生有一套絕對的準則，任何人都無法逾越這套準則。為了實踐這套準則或他們期望的美好人生，他們對於生活中的事情都嚴正以待，每件事都要清清楚楚、論明是非對錯。因為他們

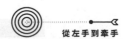

對待自己的方法就不輕鬆，別人跟他們相處當然也輕鬆不起來。

　　這類型的人如果想學習幽默，也很容易淪為「努力想要幽默」，別人仍然感覺得到背後的壓力，也就違背了娛樂供給所要提供給他人的輕鬆感。所以與其學習變得幽默好笑，不如先學習讓自己放鬆，不論是與人的相處還是跟自己的相處都一樣，讓自己能夠先卸下武裝及高標準，就能降低嚴肅及批判性，輕鬆感就會自然而然的浮現。

　　當然除了幽默以外，我們也能透過其他方式來完成娛樂供給，享受生活就是一個很好的方式。享受生活不代表你一定要吃好穿好、到處出國旅行，只要你有好好的在生活，其實就能從生活中萃取出許多好玩有趣的經驗。

　　以我個人為例，我其實不是一個反應很快或很有幽默感的人，我讓別人感到有趣的方法，主要是記住自己生活中發生的有趣事件，或是朋友們的有趣對話，然後將之轉述給其他人。簡單來說，我是個說書人，負責記下故事內容，然後用自己的方式告訴別人。這樣一來，即使不具備絕佳的反應能力，也能透過努力的方式增加娛樂供給。

　　娛樂供給的方法百百種，不見得能在這裡全部提到，但不論你用的是哪種方式，只要能讓別人跟你相處時覺得輕鬆愉快，你

就完成了娛樂供給的項目。

娛樂供給的注意事項

在滿足娛樂供給時，最忌諱的是變成「小丑」。「小丑」指的是為了取悅別人而貶低自我身價，但又無法從其它地方建立價值，最後就只剩下搞笑功能。

有許多人跟女生相處時，很能讓對方感覺輕鬆愉快，但除此之外，他們並不具備其他的面向或功能，無法聊更多或更深的東西，也無法讓別人產生崇拜感，只能打打嘴炮。這樣的角色在人際關係上不會有太大的問題，他們是大家的開心果，在聚會場合大家都會希望他們出現，但如果要吸引異性，只有這樣的能力是不夠的。所以在提供娛樂供給之餘，請務必確保自己有其它方面的供給能力，最少也要讓自己有跟對方談正經事，展現自己有「經營生活的能力」的機會，否則單純的娛樂供給會讓我們落入「不正經」、「有趣但無法依靠」等等的區間，對於以長期發展為目標的女性來說，都不會是太有吸引力的選項。

而「心靈供給」與娛樂供給所處理的面向正好完全相反。娛樂供給在於讓對方開心、讓彼此相處輕鬆，但「心靈供給」卻是要在對方不開心、沮喪、失落的狀態下才能滿足。

人生本來就是有起有落，很少有人每天都過得很高潮卻從未遇到低潮，所以除了讓別人開心的能力以外，擁有協助處理別人的不開心的能力，也是很重要的項目。

心靈供給

「心靈供給」在四項供給項目內，是最為加分的一項，主要是因為絕大多數的男性左腦比右腦發達，且傳統的社會框架為男人貼上了「必須理性思考」的標籤，而為女性貼上了「情緒化」、「感受多」的標籤，所以我們長期受到的都是邏輯思考及解決問題的訓練，卻從來沒有人教過我們如何處理情緒。以致於多數男性的情緒是以壓抑的方法處理，當我們連自己的情緒都不會處理，怎麼有辦法協助別人處理情緒？

但對於女性來說（其實不止女性，對所有人類來說都是），情緒的處理是非常重要的事，情緒處理的優先程度遠大於問題處理，這恰好與男性受到的訓練相反，因此，「情緒處理」成了絕大多數男性的弱項，但「情緒處理」對女性而言的需求量又相當高，就形成了「高需求低供給」的現象，這就是「心靈供給」之所以是四項供給項目中最加分的原因。

心靈供給的注意事項

而「心靈供給」又有層次上的差別，較低層次是同理對方情緒，較高層次是人生導師。許多人都想達到人生導師的境界，但這需要相當程度的修煉，否則只會變得很惹人嫌。在我們還不確定對方需要的是什麼以前，最好不會隨便給予他人建議，否則會很像過年時期拼命想給予指導的親戚長輩。

由於太多男性習慣在接收到女性情緒的第一時間，就急著想處理問題了，在有這些人墊背的情況下，只要你能學會「先不處理問題，好好讓對方把話說完，然後同理對方」，你就能先贏過 50% 的對手。

同理有三個簡單的具體步驟：

1．回應
在對方說話時，用點頭、「嗯」來示意，表示自己正在注意聽對方說話。

2．提問
向對方提出問題，確認自己的理解是否正確，以及釐清不了解的部分。提問不僅是資訊上的收集與確認，也包含了情緒層面，例如：

「那你應該很生氣吧？」

「那你是因為 XXXX，所以覺得很難過嗎？」

情緒層面的提問能讓對方感覺到你正在同理以及試圖了解她的情緒，到這邊其實就已經完成了基本的同理。

3．表達

將聽完的感覺如實向對方表達，不論好壞，只是誠實的說出自己的想法。例如：

「我聽完以後，感覺你好像是真的把對方當成好朋友，但覺得對方沒有同等的對待你，所以才會這麼生氣。」

「我聽完以後，感覺你的主管好像今天心情特別不好，因為你說他平常也不會這樣，會不會他並沒有在針對你呢？」

有時候表達完，也有可能會加上一些提問，例如：

「你老闆真的很過份耶，你怎麼可以忍到現在啊？為什麼不離職啊？」

「聽起來你真的很在意這個朋友耶，那你要不要試試看跟他說你其實很不高興呢？他會不會根本不知道你很不高興？」

這些問題可以讓你更深入的了解對方，也能讓對方說出更多自己的想法及事件的細節。

利用回應、提問、表達這三個簡單的同理步驟，就可以有效的處理對方的情緒，至少讓對方能找到一個情緒上的出口，甚至可能由於你的提問，讓對方發現一些自己的盲點，或是整理出一些答案。比起直接給予建議，先將對方的話聽完，會是更有效率，也對關係更有幫助的辦法。

「娛樂供給」與「心靈供給」兩者，都屬於無形的、看不到摸不著，卻能被感覺到的。也由於這兩者較為抽象，所以不像經濟供給跟資訊供給一樣容易被拿出來比較，擁有這兩者的人，也比較能增加自己的獨特性，不容易進入紅海市場。

如果你本身的硬體資源較少或較為弱勢，可以多加強軟實力的部分，同樣也能達到吸引的效用。同時，軟實力對於建立穩固的長期關係，也扮演著不可或缺的角色。

目的性

狩獵感與
輕鬆感的差別

　　「對喜歡的人有目的性到底對不對？」這是很多人在關係初期時常有的問題，「如果我對她沒有目的，那我就不會想繼續。但如果我對她有目的，又會被察覺，到底要我怎樣？」而這個問題之所以會這麼困擾人，主要在於男女雙方對於「目的」的認知不同。

　　對男性而言，想認識一個異性的原因，多半來自於性吸引力。性吸引力指的不完全是性關係，還有前面我們提到的投射作用。當我們把一個女性視為「對象」的時候，我們才會有繼續讓關係往前的動力，但大部分的女性是相當排斥這樣的性吸引力的。

　　排斥的原因不是因為不希望自己有魅力，而是因為前面我們提到的女性在關係裡的長期策略。對女性而言，如果自己對別人的吸引力只有性，那這段關係就不會太安全，因為人會老、會醜，

年輕的妹子永遠都有，如果自己的存在只是因為漂亮、因為性，那自己隨時都可以被取代，這樣的關係絕對不是安全的。女性的安全感來源是──我對你而言是不是一個特別的存在。

　　所以當我們在關係初期、甚至關係尚未開始前，就對對方有太過強烈的「想交往」或「喜歡」的意圖，女性很容易會感到反彈，覺得：「你又不了解我，你到底喜歡我什麼？」尤其越漂亮的女生越容易如此。

　　但如果完全沒有意圖，我們又不會有動力繼續認識對方，所以我們必須在兩者之間取出一個雙方都能接受的平衡點，也就是──「我想更認識你」的意圖。

　　女生不會介意對方有更想了解自己的意圖，因為每個人最感興趣的對象都是自己，人人都希望被了解、被接納，所以當你展現這個意圖時，是不會遇到對方的反彈的；「更認識對方」這個意圖，也符合我們對於女性有好感時，會自然觸發的現象，所以對我們想增進關係發展的目標也沒有抵觸。

　　「我想更認識你」是一個極度中性的意圖，而這個意圖，又可以分為兩種呈現方式，分別是「狩獵感」與「輕鬆感」。這兩種呈現方式分別會將關係帶往不同的方向，但最終都能導向兩性關係。

從左手到牽手

　　「狩獵感」傳達的感覺是絕對的自信，甚至是傲慢。「狩獵感」是一種透過物化女性的方式來呈現的，它帶有「我可以征服妳」、「我可以擁有妳」的意味。物化是「激情」產生的主要原因之一，所以當我們將對方物化，並且以一種絕對自信去面對時，很有趣的，女性通常不會討厭，而是覺得被征服。所以「狩獵感」的呈現，往往會讓關係走向激情的方向，可能是一夜情，或是短暫的交往關係。

　　但在這裡要特別提醒大家的是：「狩獵感」並不是一種好駕馭的表達方式，它必須伴隨著強大的關係自信，你必須對自己的性魅力有非常高的信心程度，才有可能確實傳達出「狩獵」的意味。因為「狩獵感」是一種物化的方式，同樣是物化，有些人是把女性物化為可愛、好玩、能輕易征服的可愛動物，有些則是將女性物化為可怕、可能傷害自己、遙遠又高不可攀的兇猛動物。這其中的不同，就會造成結果上的差異。有許多人企圖表現「狩獵感」，但因為內心深處並不真的相信自己的吸引力，所以不僅不吸引人，反而讓女生覺得很厭惡，這時候「狩獵感」就會變成「猥褻感」。

　　相較於「狩獵感」需要搭配強烈的性吸引力（你也可以說是男人味），「輕鬆感」就簡單容易，而且安全得多。只要你能保

持想與對方多認識，但又不急著往自己想要的方向推進，多半就能維持住輕鬆的感覺。講一句實在一點的，又不是每個人都是金城武，我們沒必要追求極高的性吸引力，只要能跟自己喜歡的對象好好在一起，就算前進得稍微慢一點，其實也沒什麼關係。

而會讓我們連「輕鬆感」都做不到的原因，主要仍然來自前面幾章提到過的自我價值感問題。當自我價值低落與急切的目的性相結合，我們就會因為得失心而很難輕鬆得起來。面對這種情況，克服方法其實就是將每一次的目標調整為最小——即最立即性的標的。例如約會，過去你可能約會時一直想著如何將關係更加推進，或是讓對方更喜歡你，但無論是哪一個，幾乎都不是你能在約會當下立即確認的。最重要的是，即便你知道自己很有可能無法控制關係的走向，你仍會不自主的焦慮以及想要確認。在這種情況下，就很容易落入「內部投資過高」、「焦點在自己」的誤區之中。

所以，最好的做法是你直接將約會的目標更改為：雙方都能在這段時間裡很開心。這個目標是你最有機會在約會中控制的部分，而且基本上，其結果你能馬上確認。這讓你不用一直提心吊膽想著太過於遙遠的未來，也能盡量享受當下，因為我們訂的目標並不是「對方很開心」，而是「雙方都很開心」，這個目標讓

你能把自己的心情也納入考量之中，不會只是一味的想討好對方。而當你能享受當下，自然就能處在輕鬆的狀態。

不論你想走哪種路線、呈現哪種感覺，你都必須先搞清楚女方對於交往的想法及程序，可能跟你的認識有一段落差。搞懂其中的落差之後，你才有機會找出讓雙方都感到舒服的平衡點，也才能讓關係更順利的發展。

Point

關於約會，我建議是盡量能讓兩人有機會交流為主。如果你或對方真的很喜歡看電影，非要看電影不可，那也沒關係，把約會的流程改成看電影→吃飯，這樣至少你們可以在吃飯的時候聊一下剛才的電影情節，你也不用害怕沒話聊。但切記，你的工作不是電影評論家，所以不要兩個小時都在聊電影，電影的感想和交流大概只需要維持 15~30 分鐘，主要作用是暖場，接下來就該聊些別的了。

Part 5

延續相處

延續的本質與用義，以及推進誤區

增加雙方的
相處機會與長度

當我們突破了一開始的「引起興趣」之後，接著要面對的是如何維繫關係熱度。很多人會掛在這個部分，因為他們不了解「延續相處」的重要性，並且對於推進關係有著錯誤的觀念。

要建立一段穩固的長久關係，「延續相處」的過程是最重要的。要建立親密關係，關係的元素就不能只有激情。如同前面所提到的，激情是物化下的產物，如果一段關係只存在激情，那表示雙方都無法完全的在對方面前坦承及接納對方是個「人」。因為物化所帶來的投射及佔有等感覺，剝奪了人的其他面向。我們不會對我們認為糟糕的事物產生激情，但那些卻是每個人都必定擁有的部分。如果我們無法接受自己與對方都是不完美的人，而把對方當成自己投射的美好幻想，那在投射破滅後，這段關係有很大的機會就隨之崩解。

在長久關係中，友情扮演了相當重要的角色。我們對於朋友的接受程度遠大於情人，我們能接受自己的朋友不完美，即便他們有一些不足，我們仍然願意與對方相處，因為我們知道他們的不完美只是他與眾不同的一部分。有時候與朋友相處，反而比情人更加自在，因為朋友不會用許多的框架來限制我們，他們對我們的要求更少。我們不見得與情人能無話不談，但朋友或許就可以；我們不見得會要求自己在朋友面前表現得完美無缺，但當面對情人時，我們很可能因為害怕被厭惡或拋棄，而強迫自己必須是某個形象。

所有人都嚮往輕鬆自在、充滿安全感的關係，而這樣的關係必須是在雙方都認同彼此是個獨立的人類的情況下才能建立——不是男朋友或女朋友的角色，就只是一個獨立的人。

當我們與某人建立了友誼，即便進入了戀人的關係，也會比單純激情所做的結合有更多的安全感。這樣的安全感讓我們更勇於在關係裡表達自我，也更能接納對方的不完美。

而隨著與某人的相處越長、了解越深，有時候可能會發現自己喜歡的並不是真實的她，而是我們想像出來的人物，這也是為什麼我特別重視相處的原因。如果我們能在一開始就不因投射而認定自己喜歡某人，那在相處的過程中，才有可能喜歡上真實的

對方，這段關係才有辦法盡可能的去除偽裝。同時，如果你對對方的喜歡程度，是隨著相處與日俱增，那麼你也能免去在一開始就因為得失心過高，而讓對方覺得你是個怪人，或產生「你又不了解我，你在喜歡我什麼」的 OS 的可能。隨著你們變熟，不可能只有你一個人對這段關係的情誼變得深厚，否則就不會叫「變熟」，只會是你一頭熱。而當對方對你的感情也加深，後續所有的行動都會變得更為簡單。不論你是要聊天還是邀約，都遠比你只是一個「不熟」的人來得容易許多。

「延續相處」除了之於關係及我們的意義之外，對於女性來說也相當重要。「延續相處」是一個重要的過程，讓她能夠有時間更深入了解你這個人，並建立她所需要的安全感。不僅是對關係的安全感，也是對你這個人的安全感。

多數女性都在追求一段穩定而美好的長久關係，既然對品質有要求，自然就需要時間來認識可能的對象。不僅是外在的條件、成長的背景、是否有共同興趣、價值觀是否相同，雙方的個性及契合程度是否符合自己的理想，也是她們評估的重點之一。也因此，在這個時期，真實而輕鬆的增加雙方的相處機會與長度，不論對你還是對方而言，都是一件很棒的事。簡單來說，這是一個彼此都能評估的試驗期。

不幸的是，很多人因為對自己沒信心，或是被灌輸了太多「朋友區」之類的概念，總認為關係時間一旦拉長，很有可能就沒有機會了，所以要想辦法趕快推進。這樣的意圖會讓人進入一種焦急的狀態，在這種狀態下往往反而誤了大事。

急著想推進，傳達的訊息就是：「我想趕快把整件事定下來，否則情況可能會有變」，那什麼樣的人會擔心情況有變呢——沒把握的人。那沒把握的人在關係中有主控權嗎？沒有。那在關係中沒有主控權代表什麼？代表對方沒那麼喜歡他或沒把他當成第一優先。

當對方就已經沒有很喜歡你的時候，你還硬要做一些事情來強行推動關係，壓力就會產生。而我們會想趕快讓關係往我們的期望發展，其實就是心性不穩的副作用（附錄測驗表中的「急」跟「缺」），因為我們不知道自己還能做什麼才能讓別人喜歡、我們深信什麼都不做就會被淘汰、完全不相信自身的魅力，所以才會想推進關係。我從來沒看過哪個異性緣很好的男生會一直想推進的，每次想推進的都是他們身邊那些想趕快把對方訂下來的女性，而這些女性也總是因為這些推進行為而吃鱉。

懂了嗎？當你硬是想推進關係，無異於直接向對方宣告：「嘿！我目前只有妳一個對象，而且我覺得妳應該沒有很喜歡我，

所以拜託妳趕快跟我交往，否則我會很緊張。」我實在不知道哪個女生接收到這樣的訊息後會覺得好想交往。

　　所以在「延續相處」的步驟裡，我們第一件要學會的事情就是不要躁進。讓關係前進並非不可，但不要想急著讓關係直接進展到交往，這容易讓人產生壓力，不僅不會讓關係前進，反而提早讓自己出局。

Point

　　「延續相處」是很多人都不大在意的點，但它絕對是個必經的過程，這段時間類似於女生們的「觀察期」，觀察你這個人的品性、習慣、興趣、脾氣、價值觀，而不像對男性而言只是「相處」這麼簡單。「延續相處」並不代表一定是多長的時間，跟雙方的狀態都有關。有些女生比較直覺，這個過程她們或許只需要三至五天的時間，就能決定是否跟對方交往；有些女生則必須經過三個月至半年的時間來觀察，才能確定是否要進入關係，這跟女生的經驗值、年紀、小心程度、心理素質、外在條件都有關。

多元性

從平面到立體

從上一節可以知道，到了「延續相處」的階段，我們其實沒有太多的招可以用，最主要的關鍵在於你平時與對方相處的氣氛及態度。比起不斷的用招，穩健而輕鬆的態度更有機會為你贏得一段穩定的關係。

在這個階段，雖然用招的比例減低、與對方真實相處的時間變多，但還是有些可以遵循的方向，避免我們在這個階段快速失去吸引力。

上一節提到女性會在這一階段進行綜合的了解與評估，所以比起純粹的激情，這個階段我們更適合做的事情是「展現自己的各個不同層面」。藉由各個面向的展現，可以讓對方對你有更多的了解，同時也能製造反差感，吸引到原本沒有被你吸引的對象。而各種不同的層面及反差，其實就是所謂的多元。

多數的人都有一套自己心中認定的好壞對錯標準，認為怎麼

樣的人會被喜歡、什麼樣的人會被討厭。這套標準或許是過往父母或師長灌輸的思想、社會的規範，也可能是從身旁朋友或自身經驗歸結出的一套準則，但不論是什麼，我們都會想在心上人面前維持這個形象，因為我們深信這才是會被喜歡的樣貌。但這樣的想法會讓我們變得過於單一、沒有彈性，而且容易被摸透。

這種狀態我稱之為「扁平的形象」。「扁平的形象」看似安全，事實上是最不利的，因為它是一張大家都在打的安全牌。當所有人都在展現相同的東西、沒有人很特別的時候，女生要如何挑選？當然是挑最帥或最有錢的啊！如果現在有五個個性一樣、學歷一樣、經濟能力一樣、家庭背景一樣、相處起來感覺一樣的女生，你會怎麼選擇？當然是挑最漂亮或身材最好的那個啊！

除非你是高富帥或集團二代，否則我們區區一般人，要在關係中勝出最簡單的方法，其實是創造自己的獨特性，讓別人感覺到我們是一個活生生的人，而不是一個交往對象的樣本。

活人才會有魅力，就像我們看電影或小說，會喜歡的通常是有故事、有感情的角色，而不是一個絕對政治正確、象徵著「正義」的角色。絕對的善或正義對觀眾而言太過遙遠，是很難引起共鳴的，這也是為什麼我們反對在關係中想得到好結果的人，把自己弄得太完美的原因。完美會得到羨慕、崇拜，會讓人想效仿

你，但不會讓人把你當成一個對象，因為你不像個人，跟你在一起會太有壓力。真正受到人們喜愛的不是那些完美而絕對的人物，而是那些有一些缺點、有些怪癖的傢伙，因為他們才最貼近真實。

講完多元的重要性之後，來看看有哪些做法可以幫助我們建立多元：

1. 說故事

沒有人喜歡聽道理，但所有人都喜歡聽故事，因為故事有情節、有角色、有發展、有鋪陳。而在關係裡，說故事則可以幫助別人更了解我們「為什麼是現在這樣」。單純的敘述自己的工作內容、性格，是很容易讓人感到乏味的，就像每天的例行會議一樣單調，只是在陳述一個「事實」。

但說故事就不同了，故事的畫面能讓人進入狀況，情節能讓人跟著緊張或感動，角色能讓人更了解狀況，用一個故事來表達一件事，比起陳述一個事實更能讓人感同身受，並且願意專心傾聽。

故事不僅能用來聊天或表達，更能讓別人對我們產生新的想法。例如一個很小氣的人，如果說了自己小時候艱辛的成長歷程，

別人就不會再對他有厭惡感，反而能夠理解他為什麼對金錢有這樣的堅持；一個很開朗活潑的人，如果說了自己小時候被霸凌的故事，別人會產生想照顧他的感覺，並會認為他很堅強。這些感受都不是我們親口告訴對方：「我很可憐」或是「我很堅強」，而是對方透過故事而產生的想法。這種透過事件或故事等非口述型的傳遞訊息方式，就是所謂的「感覺植入」。比起你說破嘴的誇口自己各種事蹟，「感覺植入」能更有效的讓對方對你產生特定的想法。

　　有好的故事相當重要，但千萬不要編造故事，編造的故事無助於你們關係的發展及你自信心的成長。或許你會認為自己的人生平淡無奇，實在沒有什麼故事好說，但事實上，每個人都是有故事的人，只是你是否重視過自己的人生、是否仔細的去反顧那些生命經驗帶給你的變化及成長。每一件小事都是一個故事，故事的本質就只是「一件發生過的事」，只要你能將自己發生過的事稍作整理及編排，每個人都會擁有無數的好故事。（對說故事有興趣可參考我們的「心機男的潛意識溝通」課程）

2. 展現反差

　　反差的重點在於打破原有的既定印象，別人認為你是 A，但

你做了某件事，讓別人發現原來你也有 B 的一面。舉例來說：表情嚴肅的人，可能會讓人覺得不好親近、可怕、有距離。而這個人如果很親切的幫你指路，你心中就會產生：「哇，他好親切喔！」的想法。比起笑容可掬的人親切的幫你指路，嚴肅的人反而會讓你更為震憾，也更容易在心中留下印象。這就是反差感。

正因為反差感必須突破的是既定印象，所以在操作反差感以前，必須先做的準備是——了解別人到底怎麼看你。從事戀愛教練多年的經驗告訴我，大部分的人以為別人眼中的自己，跟別人真實對自己的看法，往往天差地別，有時候落差甚至大到可笑的地步。我曾經看過有些很煩、很負能量的人，一直以為別人都認為他很陽光正向，而有些以為自己看起來很專情的人，卻不知道別人都認為他很花心。當這些「他人對自己的看法」與「我以為的他人對自己的看法」，有著巨大的落差時，我們就很難成功的操作反差感。

所以第一步，是向身邊的朋友們確認他們對我們的第一印象及相處後的感覺，先找出一個自己標籤的方向，再根據這個方向來操作。我們來看看下頁圖：

在這裡我們用大家較為熟悉的 DISC 來說明，讓大家能比較明白反差感的操作方式。假設你給人的感覺標籤絕大多數集中在 DISC 中的某一個區域，那最簡易的操作方法，就是去做「對角」的事。

例如，一個給人的感覺是「兇」、「沒同情心」、「衝動」的人，基本上都集中在 D 的象限，如果要操作反差感，他就可以往 S 的方向——例如讓別人覺得他其實很溫柔。這樣的說法或許你會無感，但你可以想像成吉思汗的館長，人高馬大全身刺青，

某天被你看到他在路上餵流浪貓，還跟流浪貓玩。這就是典型的反差。

操作反差不僅可以透過實際的行為，也可以利用故事來進行。或許你不會被人撞見你去餵流浪貓或買玉蘭花，但你可以告訴對方一些你的過去，或你想傳達的感覺的故事。

我曾經聽一個看起來就是好好先生、老實人的學生說一個故事：他說自己國中的時候不愛唸書，常跟同學去飆車或跳八家將，有一次還在學校打群架。直到高中的考試放榜的時候，他發現自己幾乎沒有學校可以唸，回到家他看到獨自扶養他長大的媽媽在哭，從那一刻起，他就決定自己再也不讓媽媽難過了。

這個故事內含了非常多的元素，包含反差感（**好好先生跟飆車、打架的落差**）、自己的成長故事（**單親家庭**）、為什麼會成為現在這樣（**不想讓媽媽失望**），以及孝順的性格。只需要一個故事，就能將他原本的「好好先生」變成「浪子回頭」，他不再是一個單純的老實人，而是一個因為有著重要的信念，願意改頭換面的人。

這就是多元性的魔力，利用故事來操作反差，能讓你從一個扁平的個體，脫胎換骨成為一個立體的人類。

延續相處時的危機處理

卡在朋友區和冷掉

在吸引女性時，最常出問題的分別是「引起興趣」跟「延續相處」。如果一開始就無法引起對方的興趣，那表示我們的好感值不夠，或你根本就不算是個「正常人」，而「延續相處」最容易遇到的危機莫過於卡在朋友區跟冷掉。

我們先來解釋一下「朋友區」的概念。一般來說，「朋友區」指的是：雙方關係不錯，但似乎無法往戀愛方向發展，對方只把你當成朋友，就被稱之為「進入朋友區」。但在我們的觀念裡，「朋友區」根本是不存在的。

為什麼這麼說呢？因為絕大多數的人，其實都跟自己喜歡的對象不是朋友。大多數的人在追女生的時候，都習慣用朋友的名義來包裝這段關係及追求行動。對女生來說，她們也不知道有什麼比「朋友」更好的詞可以稱呼這些追求者們，所以她們也稱呼這些人為「朋友」。但說實話，男方沒有把女方當朋友，只是想

追對方；女方也沒有把男方當朋友，只是在被追。在這樣的情況下，朋友這個詞只是用來包裝這段追與被追的關係，實際上雙方並沒有任何的友情成分，當然也就沒有什麼朋友區的存在。

很多人在進入「延續相處」階段的時候，會急於想要突破重圍，並且不斷擔心只要手腳稍微慢一點，就會進入朋友區。但這件事根本不用擔心，因為你沒把對方當朋友，對方通常也不會把你當朋友，既然大家心知肚明，你就不用去擔心什麼朋友區的問題了。

真正可能出現「被歸類為朋友」的狀況的，都是已經相處很長一段時間、建立一定的交情及關係基礎，才有可能真的被當成朋友。但就算你的狀況是這種，也不用太過擔心，因為會被當成朋友，是因為你不敢展現出不是朋友的面向。

大多數的女性陰性特質較重，而男性陽性特質較重，陰陽特質不是絕對，也有陰性特質重的男性跟陽性特質重的女性。而陰性特質與陽性特質在面對新認識的人的時候，會有一個差異。陰性特質重的人比較不會在與一個人初次認識的時候就先將對方分類為朋友或可發展對象，但陽性特質重的人較為容易，這也是為什麼大多數的男生在見到一個女生的時候，就可以立刻知道自己跟對方未來會不會有發展機會的原因。對陰性特質重的人來說，

與對方能不能發展，並不是看一開始的外型條件是否有足夠的吸引力，而是根據雙方的相處狀況而定。

　　而我們在與每個人相處的時候，都會根據我們心中對於對方的定位，來決定我們的相處模式。而「被歸類為朋友」，就是因為你擔心如果你突然做了跟平常不同的事，會不會很怪？會不會被對方發現？會不會破壞這段關係？於是你最後決定還是用跟平常一樣的方式去對待對方，這才是你只被當成朋友的原因，並不是因為你跟對方到底認識了多久。

　　所以關於「卡在朋友區」這個狀況的解法其實非常簡單，只要你能夠用跟以往不同的方法，把對方「當成異性」來對待，同時也把自己當成一個「能被當成發展對象」的人來看，自然能夠改變現況。舉例來說，你可以對對方比別人更好、對方踩到你的點的時候生氣、單獨約對方出去、增加接觸頻率……，諸如此類的方法都可以改變你們之間的關係，但最重要的還是你相不相信自己可以被別人當成一個對象。

　　如果你的問題並不是「卡在朋友區」，而是冷掉了，那我們就要來看看冷掉的原因有哪些。

冷掉分成三種：

1. 從來沒熱過

2. 一成不變

3. 踩雷

我們先來說說第一種狀況：從來沒熱過。

「從來沒熱過」這狀況看似可笑，卻是很多人會發生的事。有很多人會以為跟女生要到了 FB、IG 或 LINE，就表示對方也對自己有點興趣，於是回家後開始瘋狂傳訊，希望得到對方良好的回覆。一開始對方可能基於禮貌，總是會給予一些簡單的回應，但時間一長，對方也越來越沒耐心，最後決定用明顯的冷落，希望你知難而退。這種時候，有些人就會誤以為是冷掉了，殊不知其實是從來沒熱過。

要到聯絡方式通常是個好的開始，但也不用把它想得太好。現在的通訊軟體都有封鎖的功能，對方有時候留下聯絡方式只是為了不讓場面太過難看，勉強留個聯絡方式打發你，反正回家再封鎖就好。但有些人把「要號」（意即要到聯絡方式）這件事想得太具指標性，而在後續又無法帶起氣氛，讓雙方關係再加深，自然就不會有什麼好結果。

關於要到號之後該如何讓關係變得更加熟絡、如何引起對方

的興趣，請往前翻到「引起興趣」的章節，在此就不贅述。

那第二個狀況「一成不變」又是什麼呢？

有些人在初認識的時候，給別人的印象是極為良好的，不論是談吐或是整體氣質都讓人讚賞。但這類人常常都會遇到相處過後冷掉的問題，他們的狀況通常就是因為他們的一成不變。

為什麼特別提到這類初始分數很高的人呢？因為如果一開始給人的印象就不佳，通常問題會出在「引起興趣」，根本不會等到「延續相處」才出問題。而這一類人因為初始分數高，在「引起興趣」上通常不會出錯，多半是在認識後兩週到一個月左右會開始卡住，關係變得似乎無法再前進，或是對方冷掉。

我曾經遇過一個條件很好的學生，不論家世、長相、氣質、收入，平均至少都有中上的水準，但他每次都遇到認識後不久就冷掉的狀況。細問之下，才發現他跟對方的聊天內容，永遠都是同一個主題，如果對方喜歡電影，他就瘋狂聊電影；對方喜歡美食，就狂聊美食；對方喜歡旅遊，就狂聊旅遊。這個狀況就是典型的「一成不變」。

「一成不變」的狀況之所以容易出現在這類人身上，是因為他們容易在最初的時候獲得不錯的分數、跟女生的關係也不錯，但這些「看起來不錯」的狀況，正是讓他們失敗的主因。打個比

方，我們常見到創業的人不是有極高的收入，但仍想開創自己的事業，不然就是一文不名，找不到太好的工作，所以只好奮力一搏，而多數擁有不錯收入的中產階級，通常不會選擇創業，因為不想承擔可能失去現有安穩生活的風險。這些一成不變的人，就像收入不錯的中產階級，不想冒險改變自己的模式，害怕改變後會連原本擁有的優勢都失去，最後得到的結果就是關係冷掉。

　　要解決「一成不變」的問題，在心態層面上要先體認到：沒有人是完美的，但即使不完美，我們也會被喜愛。之所以「一成不變」，就是因為我們只敢打安全牌、只想做認為正確無風險的事，但沒有起伏並不會讓別人更喜歡你，久了只會認為你很無趣。所以敢於冒險，是破除這個狀況的心法，而前面提到的建立多元，則是具體的解法方法。只要你能敢於敞開心胸，分享自己生命中的歷程，與這些經歷所產生的想法、那些屬於你自己的獨特的觀點，就能解除冷掉的危機。

　　至於第三點「踩雷」，屬於比較可以立即直接處理的部分。

　　在我們還跟對方不熟的情況下，有時候就是會因為彼此的生活形態不同，而不小心踩了對方的雷。「踩雷」的確很有可能直接讓關係降到谷底，但隨著你應對該事件的態度及處理方式，反而有可能化危機為轉機。

一般而言，如果你不慎踩了對方的雷，對方有很大的機率不會直說，但你可能可以明顯發現對方變得冷淡、愛理不理，或是語氣中帶著火氣。這時候，最簡單的方法，就是用關心的方式詢問對方「怎麼了？」「是不是心情不好？」，用關心的方法嘗試讓對方說出來。

當你用了這個方法後，依據不同個性的人會有不同反應，直爽一點的人可能就會直接告訴你她在不爽你，但不直爽的人估計會說「沒事」。如果你問了幾次，對方都很冷淡的跟你說「沒事」、「你想太多」，那有相當高的機率是你踩中了她的雷。

一般人通常這時候會卡住，不知道怎麼辦，覺得對方不願意說，好像也不方便追問。記住！如果對方並沒有氣到要直接跟你絕交的程度，請你直接打電話過去關心她，如果她不接，打三次，確認她到底是不是賭氣。如果你們的關係不錯，除非她處於無法接電話的狀態，否則三通內應該會接。如果她三通還是不接，請直接去找對方，隨便拿個食物還是飲料去找她，切記不要一副緊張得半死的衰人樣，輕鬆一點的說：「沒有啊，我覺得你好像心情不好，所想拿個東西來探望你。啊你怎麼了？」

通常到了這個地步，對方大概會跟你說她不爽你什麼，你就乖乖讓對方爆炸完，然後好好道歉，下次不要再做一樣的事就好。

一般而言，踩雷的危機處理到這邊就算完整的解決。

　　那如果你沒有對方的電話，也不知道要去哪裡找她呢？那你就只能自求多福了。

　　以上幾點是延續相處時的危機處理，接下來，我們要開始進入戀愛的精華區——曖昧。

Part 6

製造內部投資——曖昧

曖昧是什麼
內部投資的重要性

相信很多人都不知道「曖昧」到底是什麼，雖然聽別人說過、聽楊丞琳唱過，也知道好像是戀愛中一個很重要的環節，但具體來說，到底怎麼樣的狀態才叫作曖昧？而曖昧的狀態又要怎麼樣才能達到？

小時候國文課有教過，「曖昧」的注釋是：模糊不清的樣子。在戀愛裡，這個注釋也同樣適用，曖昧就是搞不清楚現在到底是什麼狀況。而要達到曖昧的關係，主要的條件在於雙方的性張力夠強，並且現階段都還不打算突破現況。只要這樣的條件成立，基本上就會出現曖昧的氛圍。

那為什麼有人說曖昧是戀愛最美好的時候，又有人說曖昧讓人受盡委屈呢？最主要的原因還是在於「不說破」這個點上。曖昧是最多猜測的一個時期，因為雙方的張力都很強，對於彼此也都有一定的好感程度，所以不論一方做了什麼、說了什麼，另一

方總是很容易將事情往「彼此喜歡」或「交往」的方向聯想。但又礙於彼此都在互相試探或不想說破，便很難確定自己的想法是否正確，還是只是自己的一廂情願。

而在曖昧時期大量出現的猜測、小劇場、思念……等等的內心戲，就是內部投資最主要的成分。如果你有過喜歡一個人的經驗，相信你一定能體會一個人看著手機，等著對方回覆訊息的難熬時刻，或者是對方似乎不經意說了一句話，卻害你回家想了好幾天。這些等待的時間、焦急的心情、對未來的幻想、不敢明說的醋意，全都是內部投資。當內部投資越高，我們會覺得這個人跟我們越近，因為我們生活中大部分的時間都被對方佔據，心情也越來越容易受到對方的一舉一動影響。這個道理也同樣適用於女生，甚至女生的狀況會比我們更明顯。

女生的小劇場能量是非常驚人的，主要的原因是過去的社會教育女性必須衿持，所以比起被教育需要主動追求的男性，多數的女生在關係這件事上，還是採取較為保守的方式面對。雖然外顯行為保守，不代表她們的內在不會翻騰，相反的，正因為覺得自己不能太過積極，心裡的焦慮與急切想要的心情反而無處可去，導致小劇場加劇。

另一個導致女生容易暈船到不行的原因，則是女生對於喜歡

的標準及定義。相較於男生只要覺得對方好正、身材好好，就會認為自己好像蠻喜歡這個女生，女生對喜歡的定義就嚴格許多。多數的女生都將「喜歡」及「承諾」看得很重，所以她們會想在確認自己真的有喜歡對方的情況下再採取行動，否則就會變成她們心中的婊子。在這種情況下，她們就有一份屬於自己的喜歡清單，內容包含了：我有沒有每天想他、我會很期待他傳訊息給我嗎、我想到他就會覺得很開心嗎、我會去想我對他跟其他朋友有什麼不同嗎、我沒事就會想到這個人嗎、我看到他跟別人很親近會吃醋嗎、我會夢到他嗎……，諸如此類的選項。她們會在清單列表上一個一個打勾，等到全都勾完的時候，她們會赫然發現自己原來喜歡上對方了，這時候才會開始有所行動。但在這個過程中，她們就已經不知道做了多少內部投資，所以只要一確定喜歡，距離「愛上對方」就已經不遠了。

　　我們可以看出來，只要關係一到「曖昧」，成功就在不遠處了。但不管是要達到曖昧，或是曖昧的過程，內部投資都是最大的關鍵。但偏偏很多人不擅於製造內部投資，以致於明明跟女生關係很好，最後卻變成了閨蜜，或是總得到「我覺得你條件很好，但就是沒感覺」的回饋。

　　所以接下來這個篇章就要大篇幅的講解：如何讓對方產生內

從左手到牽手

部投資，以及製造曖昧氛圍。

Point

當「好感」不足就試圖製造內部投資時，容易造
成對方覺得「這個人莫名其妙」的感覺；而當「安
全感」不足就製造內部投資，有可能會讓關係太
過往激情方向發展，最後淪為床伴或「只是曖昧
對象」。如果以「長久關係」為目標來看的話，
在兩人培養了一部分的友誼，並對彼此有一定程
度的了解之後，再開始進入曖昧，會最有利於未
來交往的關係發展。

壞男人的法則
不按牌理出牌

　　不知道是不是天龍八部還是漫畫看太多，很多人都相信誠意能感動天。我相信誠意絕對很重要，但在戀愛裡，由於誠意感動天而引發的交往事件，幾乎是屈指可數。

　　「感動」在男人的眼裡，似乎是個很貴重的東西，當然，在女人眼裡也是如此，但它在愛情裡卻非常的廉價。之所以說「感動」廉價，並不是想抨擊「感動」這件事，只是「感動」絕非在戀愛關係裡，能讓對方跟你交往的關鍵。如果感動是令女生想交往的原因，那我想也不會有這麼多人困於戀愛未果的窘境之中了。

　　你仔細想想，如果今天有個女生，你對她一點興趣都沒有，但她真的對你很好，每天幫你準備早午晚餐，還附飯後水果、天天幫你佔車位、每天悄悄送咖啡給辛苦加班的你、不論你心裡有沒有別人，總是為你加油打氣，當你最好的後盾。這樣的女生，會不會讓你很感動？會。那你會不會跟她交往？不會，除非你在

歷經風霜、在感情裡遍體鱗傷之後，你驀然回首，發現她依舊在那裡痴痴的等你，你才有可能決定跟她交往。

同理，不論你為女生做了多少、讓人家覺得有多麼感動，都無法構成對方想跟你交往的原因。因為在戀愛關係裡，一百次的感動也比不上一次的心動。

那為什麼有這麼多人仍然在追求讓女生感動呢？很簡單，因為女生會訴說自己喜歡的人或是男朋友，曾經做過什麼事讓自己覺得非常感動，於是聽到這番言論的男生們，便誤以為只要讓對方感動，一切就成了。殊不知，這些「感動」之所以被提出來，是因為女生本來就喜歡那個人啊！重點不在做了什麼事，而是這件事情是誰做的！

感動到底有沒有用？有用！但前提是對方必須先對你心動，否則一萬次的感動都沒有用。工具人為什麼最後只是工具人？因為他們就算做盡一切努力，最多也只會讓人感動，而不是心動；壞男人為什麼可以當壞男人？為什麼你為女生做牛做馬、死心塌地、盡忠職守，仍然比不上那些你心中認為該死的渣男？因為他們懂得製造心動感。如果你不懂得如何製造心動感，運氣也不是特別好，那你就只能等，等到對方歷經風霜、在感情裡遍體鱗傷之後，驀然回首，發現你依舊在那裡痴痴的等她，她才有可能決

定跟你交往。

　　或許看到這裡，你已經下定決心要成為一個渣男，因為大家都說「男人不壞，女人不愛」，但請你先冷靜點，先搞清楚所謂的「壞男人」到底是什麼。

　　人們口中的「壞男人」絕對不是品性不良、抽菸喝酒吸毒打架、作奸犯科的那種壞。絕大多數的女人不會喜歡品性不良的男人，也沒有女生會在知道對方愛劈腿、常偷吃、一天到晚約炮的狀況下，還會輕易愛上對方。上述那種男人，在女人的嘴裡不叫「壞男人」，叫「賤男人」。「壞男人」受歡迎的原因，不是因為他們真的有多「壞」，而是對女人來說他們太危險，卻又太具有吸引力。簡單來說，「壞男人」只是很懂女人，而且不會按照對方希望的牌理來出牌。所以即便你不想當個結果論的壞男人，你仍然可以運用壞男人所擁有的條件，吸引自己喜歡的對象、談一場自己想要的戀愛。

　　接下來，我們要來談談壞男人的必勝絕技——「懂女人」跟「不按牌理出牌」。

　　與其說懂女人，不如說是他們比別人更了解人性、更知道想法與說法的衝突。當壞男人在聽女人說話的時候，他們聽的不是字面上的意思，而是對方話語背後的潛台詞。

　　説法是一種很表面的東西，就跟客套的微笑一樣，那是為了讓場面不陷入尷尬所產生的官方產物。而在戀愛關係中，有時候是不想讓對方發現自己心思的偽裝，最經典的例子莫過於，當男朋友想出門跟兄弟鬼混，要徵求女友同意時，女方說：「去啊！」這種時候女方心裡的潛台詞，多半是：「去啊！去了你就不要再回來了啊！」

　　但絕大多數的男人是聽不懂女人的潛台詞的，尤其是人際經驗較少的男性，對於話語的理解往往僅止於表面，所以當女人說一句話的時候，他們只能接收到表面上的台詞。如果套入上述的例子，那這個男人就會出發去跟朋友喝酒，卻不知道回家後等著他的是火冒三丈的女友。最糟糕的是，當女友在發脾氣的時候，他還有可能會說：「我有問妳啊！是妳自己說可以去，我才去的。」

　　相比大多數聽不懂潛台詞的男人，壞男人光是能聽懂女人在說什麼，贏面就高出許多。他們知道女人在說的是什麼，所以他們能判別什麼叫作「女人說不要的時候就是要」，但聽不懂的男人卻會因為這句話而被告。壞男人不僅聽得懂女人在說什麼，他們也了解女人想聽到什麼樣的回答，或希望看到自己做出什麼回應，所以女人跟他們相處時，總會覺得如沐春風。

　　關於「聽懂潛台詞」的部分，由於聲音無法在文字中呈現，

所以就不再多加著墨，我們來看另一個可以看書學會的方法——不按牌理出牌。

大部分把自己當成追求者的男人，行動都很好預測，因為他們的目標只有一個：追到對方，所以一切的行為都會建立在這個基礎上。把自己當成追求者的男人們，還有另一個共通點——都想讓對方知道自己很專情。既然已經把自己當成必須被選擇的角色了，那當然要展現自己十足的誠意，所以追求者們絕對不會擺出一副自己有很多線的樣子，就算有線也要假裝沒線。

而壞男人就不同了，他們不會去追女人，更精確的來說，他們是根本不需要這麼做。一個能與對方正常互動、聽得懂女人在說什麼，又能恰如其份的給予回應的男人，根本不需要去大獻殷勤，女人本來就會被他吸引。而他們不去追女人的另一個原因，是因為他們很清楚，在關係裡，自己的快樂是最重要的，這點是其他扮演追求者的男人所無法理解的。

對追求者來說，感情是一種交易，幾乎每個追求者都像煉金術師一樣崇尚等價交換，認為自己只要對對方好，就可以交換到對方的喜歡，但他們的等價交換通常是用真心換到絕情。

壞男人在這方面就完全不同了，他們知道感情是由兩個人共同建立的，對方的感受的確重要，但自己的感受也不容忽視。他

們不會去討好對方，因為他們知道自己可以吸引到別人，而且不需要這麼委屈求全。他們把自己的快樂放在第一位，因為他們很清楚，如果連自己都不尊重自己，那沒有人會對自己給予尊重。他們也知道，感情不是一種交易，而是自然的流動，所以他們不需要勉強自己去做許多的追求行為，只要雙方的情感能交流，感情自然就會產生。

　　追求者與壞男人面對關係的方式，會直接影響他們產生不同的行為，進而得到不同的結果。追求者將重心放在對方身上，因此對方只要有任何風吹草動，馬上就會被影響；壞男人將重心放在自己身上，明白只有自己也在關係中感到愉快，這段關係才有繼續的意義，所以對方有任何動靜，對自己的影響也不大。

　　正因為這樣核心思想的不同，壞男人的行為以自己的心情為準則，所以對方很難預測他的下一步。這種無法預測的感覺，就被人稱之為「神秘感」。同時又因為喜歡壞男人的女人多半是自己被吸引的，她們也會認為有很多其他的女人喜歡壞男人，因此只要壞男人對自己稍微冷淡，她們就會開始擔心是否出現了其他競爭對手。

　　只要你能做到「以自己的快樂為原則」、不再讓對方予取予求，讓自己委屈求全，你就成功了一半。或許有些人會認為「以

自己的快樂為原則」很自私，但一個能懂得尊重自己的人，才懂得如何尊重別人，「以自己的快樂為原則」並不代表要傷害或利用他人，只是懂得在對方讓自己感覺不舒服的時候說出口，或是離開這樣的關係。

Point

成為壞男人的第一步，是多交些女生朋友，最好是漂亮的女生朋友。透過跟女生朋友的相處，更加了解女生對於追求舉動的反應，並且練習與漂亮女生相處仍能不為所動、輕鬆自在，這對於你跟未來對象相處，會產生很大的幫助。

內部投資兩大原則

創造期待與失落

　　內部投資的關鍵在於讓對方「想」，想得越多越好。而讓對方能夠「想」的重點，就在於「不要說明」。

　　很多男生之所以不懂得曖昧，是因為他們總是把自己的一切如實的向對方報告，不管對方到底有沒有想聽。這樣透明的資訊，雖然在「延續相處」時期能有效增加對方的安全感，認為你是容易掌握的，但到了曖昧期，這種關係反而會失去了自己的神秘感以及讓對方內部投資的機會。當然，我不是要你什麼都不講、每件事都神秘兮兮的，只是，如果你不是一個容易令人感到出乎意料的人的話，少講一點關於自己的事會是一個不錯的方法。

　　沒有曖昧的心動感及刺激感，另一個原因則是因為很多人把自己擺在「追求者」的位置，認為自己必須等待被對方選擇，所以要盡力勝出。這樣的想法，會讓你對對方的喜歡完全表露無疑，不僅表露無疑，還毫無懸念。當你身邊同時有三到五個人，不斷

的向你傳達「我好喜歡你，我會努力等你」這種訊號時，你有需要現在立刻下決定要跟誰在一起嗎？反正他們都會乖乖的等你，何不好好享受一下愉快的單身？

　　所以如果想要達到「不要將一切說明」的目標，首先要調整的並不是我們的說話方式，而是心裡的態度。把自己當成一個自由的人，在交往前（我個人其實是認為終身），所有人都保有自己的交友權利，不要為了一個棵樹放棄整片森林。這裡並不是要提倡開放式關係或是鼓勵大家不忠，而是我們往往太早就決定想要某一棵樹了，但這棵樹根本還沒有想要跟你有什麼。在這種情況下，過度的堅持就變成一種一廂情願的等待，而對方還很有可能不領情。既然如此，我們又何必讓自己如此辛苦？為什麼不好好的去享受自己的生活、多認識各種不同的朋友？既然對方都沒有非君不嫁了，你又何苦非卿不娶？

　　調整完心態之後，我們接著來看製造內部投資的兩大原則——期待與失落。所有的內部投資都與這兩者有關，只要能掌握到其中的精髓，製造內部投資簡直是輕而易舉。

期待

　　「平常沒有的，突然有了」是製造期待與驚奇的邏輯。凡是所

有「不平常」的事都會讓我們多想一下，因為它沒有尋常到我們可以不假思索的應對。潛意識負責處理我們所有慣性的模式，這讓我們的大腦有資源可以去處理其它需要更多意識層的部分。當我們對一個狀態或一件事感到熟悉，它就會漸漸不需要用到我們的意識層。例如一開始學騎腳踏車或開車時，我們需要花點時間思考下一步該怎麼做，但當我們越熟悉這個技能，我們就越不用去想，身體會自動反應過來，所以我們可以一邊騎車一邊想事情、一邊開車一邊跟別人聊天，這就是人家說的「內化」。正因為「平常沒有的事」不屬於慣性模式的一環，所以我們必然會產生某些情緒反應，而這些情緒就會讓我們多想一下，只要多想一下，「內部投資」的目的就達成了。

「平常沒有的，突然有了」分成兩種狀況，一種是你個人的基準線，另一種則是對方的普遍待遇。

每個人都有自己的基準線，我們本身也不例外，所以當我們做了平常不會做的事，就是一種超出自己的基準線狀況。這樣的行為除了讓對方開心以外，也會讓她去思考原因。這裡說的超出基準線行為，是關於你平常與對方的相處模式，而非你在面對普羅大眾時的態度。這個方法特別適合走嘴賤路線或平常就對人不太好的人，當平常狗嘴裡吐不出象牙的人，突然讚美了別人，或

是平常都在嗆人的人，突然做了些貼心的事，就會讓人感受到特別大的落差。

這世界有個不太公平的地方：當一個平時總打架鬧事的壞學生，某天突然開始乖乖唸書時，老師通常會感動得痛哭流涕，但本來就乖乖唸書的好學生，即使每天都乖乖唸書，老師會覺得很好，但會把它視為常態，不會有太大的反應，這就是基準線所造成的期待值落差。如果你平常給人的形象就是個不正經、嘴炮、不貼心的人，別人就不會對你有太多的期待，越沒有期待，你做的任何事就越可能超出期待，進而讓人產生內部投資。

那對方的普遍待遇指的是什麼呢？指的是「對方的人生經驗」。前面我們說的超出自己的基準線，是利用與自身平日不同的模式，來打亂對方的思考，而這裡則是打亂對方自身的經驗標準，擾亂她的步調。

每個人都會因為自身有過的經驗，產生對事情不同的看法與情緒。舉例來說，同樣是「跟女生相處得不錯」，異性緣好的男生可能不認為有什麼，但對於過去在戀愛上沒有太多良好經驗的男生來說，可能就令他高興到每天睡不著。女生也是如此，對於一些沒什麼被追求經驗、缺乏好好照顧或對待的女生來說，稍微多一點的體貼就足以讓她們魂牽夢縈，但對於被追求經驗豐富的

女生來說，送雞排請珍奶修電腦都只是基本款，根本沒什麼好令人興奮的。

所以「平常沒有的，突然有了」，不僅適用於你與對方的相處之外，還可以藉由過去她的人生經歷作為鋪墊，給予她過去較少、甚至沒有發生過的經歷，它的格局甚至可以拉高到人生體驗的境界。

失落

期待是「平常沒有的，突然有了」，失落則與它完全相反，是「平常有的，突然沒有了」。與期待相同，失落也是利用了人的慣性模式，當慣性被打亂，我們會因為失去某些東西而產生情緒。在戀愛關係裡，對方失去的可能是某些好處，也可能是主控權，但不論是哪一種，都有可能引起憤怒、焦慮、恐慌的情緒。

在我的觀點裡，只要不是因為犯法或踩雷，能讓對方產生的強烈情緒，不論是正負面，我都會認為是好事。因為人不會對於自己不在意或與自己無關的人事物產生反應，正如人們所說的：「愛的反面不是恨，是漠不關心。」而事情與自己切身相關的程度越高，情緒反應就會越大。

很多人對於追求的認知，都只知道要讓對方開心，卻不知道

「讓對方不開心」也同樣重要。我們很少會因為跟一個人相處得非常開心、完全只有開心，而認為自己喜歡上對方（除非我們很少跟異性相處的時候是開心的），否則你應該要愛上自己的哥兒們。人們會意識到自己喜歡一個人的時候，往往是因為突然發現自己不滿於現狀、發現自己還想要更多，我們才意識到這是愛情。而不滿於現狀的感覺，絕對是不舒服的，它可能來自於跟對方相處的時間太少、無法忍受對方跟別的異性往來、覺得對方沒有把自己放在第一位……等等。不論是哪種，它都不是會令人感到開心的情緒，這就是負面情緒的效用。正面情緒讓我們覺得開心、舒服、想一直這樣下去，而負面情緒提醒我們現況的痛苦、要逃離這樣的不適感、要去尋找變得開心的方法，所以真正推動人們前進的不是正面情緒，而是負面情緒。

不要再迷信「只要對女生好，女生就會愛上你」的想法了，只有正面的情緒是不夠的，你必須要讓對方感受到一定程度的不舒服，才有可能讓對方有前進的動力。

與「平常沒有的，突然有了」相同，「平常有的，突然沒有了」也分為你個人的基準線，及對方的普遍待遇。

當你改變了與對方原本相處的節奏、收回了你原本習慣給予的東西，對方就會感到失落、奇怪，甚至是恐懼。你可以想像一

下，假如你有個很要好的同事，每天中午都會找你一起去吃午餐，某天，他如果沒有找你，你會不會覺得很奇怪？第一天，你可能會想「他可能有事吧。」就不再想下去；第二天，你可能會覺得奇怪跟有點緊張，心想「他今天也沒找我，發生什麼事了？」第三天，你可能會開始回想自己最近是不是做了什麼事，惹得對方不高興，或是請共同認識的人幫你打聽到底發生了什麼事。這就是「平常有的，突然沒有了」會產生的效果，你已經對這個同事做了三天的內部投資。就算只是朋友，我們也會因為突如其來的變化而去思考究竟是怎麼回事，這種狀況就是「制約」。

「制約」是一種心理機制，它不容易被意識到，即使意識到了，效力也不太會下降，「巴夫洛夫的狗」就是制約的經典案例。所以當我們與某人的相處，變成一種固定的慣性模式之後，一旦慣性模式被打破，被動方必定會產生混亂，與上述「同事不找你吃飯」的案例完全相同。

但制約有一個前提，那就是對方要有意識到這個模式。例如你要意識到同事都會約你吃午餐，或是每天晚上都會跟同個人聊天、發生事情時某個人都會一直陪伴你，諸如此類能夠被大腦意識層意識到的東西，才有辦法形成制約。而且制約通常是建立在良好的感覺下的，例如狗聽到鈴噹流口水，是因為肉很好吃；同

事找你吃午餐，你會覺得很開心；每天跟某個人聊天，讓你覺得很放鬆有趣；有心事的時候某個人一直陪著你，讓你覺得很安心、被照顧……。唯有良好的感覺才會讓人失去的時候感到失落，長期不好的感受突然消失，只會讓別人感到解脫，這就是為什麼很多人企圖欲擒故縱卻徹底失敗的原因，因為你的存在只讓對方感到很困擾。

而「平常有的，突然沒有了」，如果對應到對方的普遍待遇，就是「不要對漂亮女生太好」。有些書上會教你，當遇到漂亮女生的時候，要特別的貶低對方或攻擊對方，這稱為「打壓」。但「打壓」適用的範圍其實只有某個很小的特定區塊，一般來說是後天變漂亮、後天懂得吸引男人、想證明自己的女生才會比較適用。所以對大部分的人來說，「打壓」是個風險很高的方法，因為「打壓」力道的精準度不好拿捏。所以比起「打壓」這種高風險方式，我更傾向用的方式是「把對方當成一般人」。

「把對方當成一般人」只適用於長得漂亮，而且自己也知道自己長得漂亮的女生，如果你的對象只是長得乾淨清秀，千萬別這麼做。長得越漂亮的女生，越會被自己「正妹」的標籤困擾，因為大部分接近自己的對象都是衝著自己的外表而來，而這些追求者也往往把她們當成女神在膜拜，在這種極度缺乏平等互動及

知心異性朋友的情況下，讓這類女生對於「被當成一般人」的需求會高出其他人數倍，所以只要你能把她們當成一般人來看待來對待，就能脫離紅海。一個「不看外表、不是來追我，而是把我當成一個人來看的人」，對於越漂亮的女生來說越有吸引力。還記得前面提到過關於女人的安全感來源嗎？女人的安全感來源並不是自己的長相，而是自己這個個體的獨特性，對她來說，唯有獨特性是不變的、能確保自己真正的安全的，所以你必須讓她們感受到，你正在跟她們有真正的接觸，而不是迷失於她們的外表。

當然，除了當成一般人來看待之外，你仍然可以使用一些輕度的打壓，但這裡建議你，在對於女人的了解度夠高以前，你的打壓最好是停留在打嘴炮的程度就好。有些看了書，但不知道怎麼使用的人，會說出令人傻眼，甚至覺得這個人缺乏社會禮教的言論。這不僅對於吸引異性沒有幫助，甚至是在幫同場其他同性競爭者助攻。我聽過比較誇張的有：跟初次見面的女性搭話時，說對方的衣服很像自己阿嬤的衣服、指出對方的皺紋或皮膚狀況……等等。與一個素不相識的人說這種話，真是很失禮的一件事。

這裡建議你的輕度打壓，指的是像平常朋友互損、互虧的開玩笑方式，而不是人身攻擊，而且如果你對於用這種方式跟異性相處並不熟悉，最好是稍微有點熟度的人再這麼做，會比較安全。

例如當你某個異性緣甚佳的女性朋友，用比較輕浮的方式跟你說最近似乎有個人喜歡自己時，你可以直接跟她說：「你要不要臉啊！」或是當這類比較多人追的女生，開玩笑叫你請吃飯的時候，你也可以直接叫對方去吃屎。如果你還是不確定怎麼做，最簡單的方法，就是你回想一下，當跟你的兄弟跟你說這類的話的時候，你會怎麼攻擊他就好，你可以原封不動的把你攻擊你兄弟的字眼，送給這些女生。這邊要稍微注意的部分是，如果你本身不太會拿捏開玩笑的分寸，最好把髒話跟刺激性太強的話省略，比較不會弄巧成拙。

這兩個原則，不論是為了製造期待還是失落，重點都在於「不平常」三個字，因為跟平常不一樣，所以才會花時間去回想，甚至去回味。不要以為跟對方關係看似不錯，就可以不用在細節上下功夫，感情跟任何一項專業能力一樣，都講求細緻程度，能將關係的每個細節塑造得越細緻，對方對跟你這段關係的投入程度就會越高，對你的喜歡也就會相對提升。

調情準則

推拉法

上一節提到了內部投資的兩大原則，在講的其實就是給予對方所沒有的，不論那在表面上看起來是好是壞。沒有被好好對待過的人，渴望被照顧、被寵愛的感覺；沒得到過太多讚美的人，希望被別人鼓勵、肯定；平常被男人當公主的女人，反而吃的是別人對自己沒那麼好這套；越被讚美外表的女生，越渴望被看到內心的層面。

除了給予對方她沒有的東西之外，讓人內部投資的方法絕對少不了調情，而調情的準則就是推拉法，也就是平衡跟中道。

在講推拉法之前，我們必須先建立一個讓關係住前的概念，我將它稱之為「對象意識」。

「對象意識」代表的是，我們是否有意識到對方與自己，是一個被視為可發展的對象。當我們沒有自己是一個對象的自覺及信心時，許多的事情做起來都會綁手綁腳，害怕做這些或說這些

會不會被對方覺得很怪。久而久之，我們的行動就侷限在朋友的範圍裡，不敢做出逾矩的事。但這些逾矩的行為，卻恰恰是形成曖昧張力的關鍵。

當心中存在著「對象意識」之後，我們對於自己與對方的角色定位會有所轉變。大部分的人會在關係確認後，才將角色定位做轉換，但如果你擁有「對象意識」，就能在曖昧的過程中，自然的將說話方式和行動，調整為比朋友更近一步的立場。而這些比朋友更多一點的言行舉止，就是讓關係往前的推力。

有一派的說法叫作：「把對方當成女朋友來對待」，這個說法跟「對象意識」較為接近，但差別在於我們實際上的確並未跟對方交往，所以我不建議直接以女朋友的規格比照辦理，我傾向用更模糊一點的方式，也就是「行為言語上比朋友來得更多，但並不會像管女朋友一樣的給予束縛」，這樣的解釋能避免大家開始管對方像管女朋友一樣，導致對方在交往前就被嚇跑。

在了解「對象意識」的概念之後，我們現在講回推拉法：

不論男女，當我們面對自己喜歡的人，多半都會想對對方好，以為自己的好可以換來對方的愛，卻不知道一味的順從，只會讓關係失衡。除了對人太好以外，還有一部分的人是因為礙於自身的課題，無法好好的表達自己的好感，以致於對別人太差，但不

論是太好還是太壞，都不在平衡裡。失去了平衡的關係，最終都會破裂，不論這段關係進展到哪個階段都一樣。而推拉法的準則，就是讓關係在動態之中維持平衡，讓關係保持新鮮與變化，卻又不致於失衡。

用最簡單的方法來說，「推」就是拒絕、否定，「拉」就是同意、肯定、喜歡。或許你曾看過有人說：「電話響了不要馬上接電話，要響三聲後才能接，否則別人會覺得你很閒。」廣義來說，這就是一種程度非常輕微的「推」。但推拉法最有趣的地方在於，面對每個人與每個不同的關係時，「推」與「拉」的判別是不同的。剛才我們提到電話響三聲後才接，廣義而言是推，但如果你們的關係很不好或很不熟，接電話就是拉。推拉是相對下的產物，它是相對值，不是絕對值，如果你錯把推拉當成了一種絕對值，那你將會在關係之中大大失去彈性及判斷能力。

我們如果將推與拉具象化，就會如下頁圖顯示：

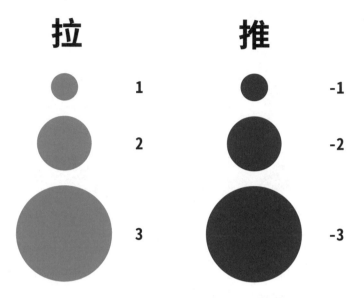

拉　　　　　　推

1　　　　　　-1

2　　　　　　-2

3　　　　　　-3

　　綠燈為拉，紅燈為推，程度則以大小數值作為區分，例如主動傳訊息為小綠燈，那就是 +1 分，隔三小時才回訊息為小紅燈，那就是 −1 分。而推拉法的概念，就是：「推與拉的最終總和趨近於零」，不論中間紅綠燈的分配如何，最終要以接近零作為收場。也就是說，你給了總分多少的好感訊號，最後一定要給予總分相近的拒絕訊號。

　　為什麼要這麼做呢？除了讓關係平衡之外，這樣的作法會有

從左手到牽手

效模糊對方的判斷，當對方以為你對她有興趣時，突然殺一記回馬槍，讓對方產生混亂。一旦混亂產生，對方為了釐清混亂，就必須花更多時間去思考跟你有關的事，內部投資就會伴隨而來。

　　以下以簡單的對話作為推拉法的範例：

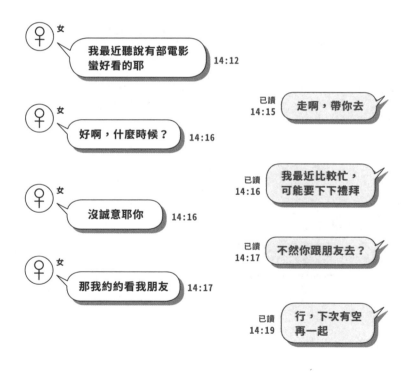

上述的範例，第一句「走啊，帶你去」，大約是中型綠燈，使用領導式句型製造曖昧，而女生這裡也接了球。第二句「我最近比較忙」就屬於小紅燈，不急著想約，甚至把約會時間推到下下禮拜之久。第三句「不然你跟朋友去」也屬於小紅燈，表示沒有一定要跟對方去的意思。最後一句「行，下次有空一起」則是小綠燈，表示還是有想要跟對方一起出去，只是這次剛好時間喬不攏。我們將紅綠燈換算成數值來作計算，就是 2–1–1+1=1，最後的總數趨近於零。

但很多男性在遇到心儀的對象時，並沒有勇氣這樣推遲約會或拒絕對方，於是會形成「拉」太多的局面，我們來看看下面這個案例：

從左手到牽手

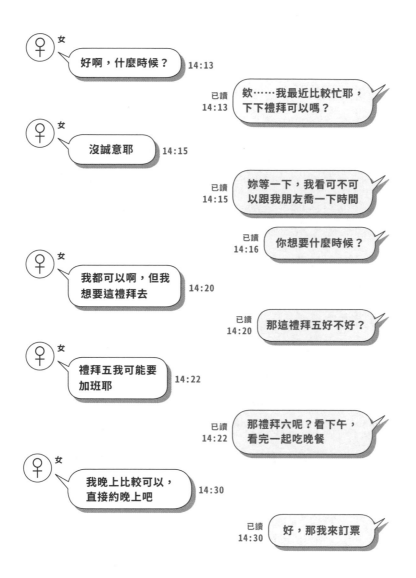

我們來分析一下這個案例裡的推拉佔比，第一句「好啊」中型綠燈，第二句「欸……」因為整體句型製造了一種「我很想跟你去，但我最近很忙」的感覺，所以仍然是中型綠燈，第三句「你等一下」是大綠燈，第四句「你想要什麼時候」是小綠燈，第五句「禮拜五」是小綠燈，第六句「禮拜六」是中綠燈，最後一句「我來訂票」為小綠燈。我們將這七句換算成數值，就是 2+2+3+1+1+2+1=12，完全沒有「推」，最後數值當然不會趨近於零。這樣的對話會將整個戰況的主導權完全交到對方手上，導致自己不但喪失籌碼，也完全沒有神秘感可言，這就是為什麼大多數的男生追女會不順的原因。

再舉一個例子：如果你主動約了一個女生出去，在約會的過程中開玩笑說要介紹別的男生給她，但吃完飯後你又主動去付錢，並且不接受女生給你錢，然後送女生回家，但你回到家之後隔了兩天都沒有傳訊息給對方。

我們來看一下這次約會的推拉構成比例：主動邀約是中綠燈，介紹男生是大紅燈，請客是小綠燈，送回家是中綠燈，兩天沒傳訊息為大紅燈。換成數值就是 2-3+1+2-3=-1 ，同樣是趨近於零，所以這次的推拉依舊成立。對方可能會在約會結束時認為你對她有好感，但之後沒有再主動傳訊息，卻又好像不是這麼一回事，

就再次製造了混淆。

　　除了最後總和要趨近於零以外，推拉法還有一個要注意的地方叫作「時間限制」。推與拉的總和計算無法拉長到太遠的未來，幾乎是以天或小時來作計算，因為人們會淡忘之前的感覺，所以要將時間範圍縮短，來進行推拉的操作。舉例來說，如果一場約會是三小時，那你就必須讓這三小時的推拉總和趨近於零，但如果你能操作的戰線較長，你也可以拉長到一整天，狀況就會變成：約會的時候很開心，做了很多拉的動作，但約會結束之後不主動傳訊息，並且變得冷淡，隔天才恢復正常熱度的聯絡。

　　不論你想操作的時間是長是短都無所謂，但你要先知道這會產生不同的效果。如果把三小時的約會設定為一個結算單位，那這場約會會蠻輕鬆，但容易讓對方認為你只把她當成朋友；如果把約會當天設定為結算單位，那約會的當下可能會讓對方感到戀愛的感覺或心動感，但如果心態不穩，約會過度的拉就會讓對方產生壓力，不過約會結束的冷淡跟不主動可以稍微減緩壓力感。

　　操作能力影響了結算單位的長短，操作能力越優越，結算的時間就會越長，因為更懂得鋪梗及在中間進行局部的推拉。但如果自認操作能力並不優秀，那就先從短的時間開始當作結算單位，讓自己先熟悉推拉的方式及感覺，之後再進行調整。

Part 7

關鍵時刻——
過去缺乏的臨門一腳

告白

我喜歡你，
但不代表我要綁住你

　　「關鍵時刻」，如果我們以電動來理解，就是升龍拳或開大絕，它可以一次造成敵方的大量傷害，但絕對不是必勝的法則。擅長打電動的人都知道，大絕招很好用也很帥，但一定要抓對時間發動，而且不可能一招定勝負，勝負的關鍵是用絕招前讓對方扣了多少血，以及用完絕招之後如何連段。但大部分的人都不知道這個道理同樣適用於戀愛。

　　我唸國高中的時候，一直以為女生會不會喜歡我，是透過我對她有多好，以及我告白的方式有多浪漫來決定的。而非常多的男性都跟我一樣，把「告白」當成壓箱寶看待，以為一個告白怒衝一發就可以挽回頹勢，卻不知道告白根本是一件可有可無的事。

　　我們如果以電動來比喻，「告白」就像是大絕招一樣，而大家也都知道是大絕招，所以才會認為怒衝一發或許有效，但我們

卻忘了，用絕招之前要先看一下對方的血量，以及用完之後該如何連段接招，才能有效 KO 對手。

過去我們都把「告白」當成可以直接讓對手血條歸零的一發技來使用，這種對告白的誤解，正是讓我們失敗的原因。

現在，我要重新修正大家對於「告白」的觀念。首先，決定對方要不要跟你交往的，絕對不是告白，而是告白前的感覺累積到了什麼程度。如果對方很喜歡你，或許你根本不用告白，手牽下去就交往了。但如果對方沒那麼喜歡你，甚至是不太喜歡你，那你的告白就很有可能被拒絕。

過去我們對告白的定義，其實指的是流程圖中的「確認關係」，也就是衝一發看對方要不要交往。在好感度不夠的狀況下，這樣的行為很有可能會讓彼此的關係變得很尷尬，尤其如果你在告白時好像壓力很大，一付對方拒絕你，你就要回家買醉的樣子的話，對方的壓力指數絕對破表。更糟的是，或許你事後又去跟對方說一堆「我還是很喜歡你，我願意等你」、「如果你交男朋友請告訴我，到時候我就會放棄你」、「你一定要找到屬於你的幸福，就算不是我」、「希望你知道我是真的愛你」，那你一定會爆得很徹底。

而在這一章裡，我們要講的「告白」，指的並非「確認關係」，

而是表達自己的好感。請記得，告白是拿來利用的，不是拿來作用的。過去我們都一直想讓告白起到直接性的作用，也就是讓對方跟我們交往，所以才會產生「告白可能會失敗」的想法，但事實上，「告白」純粹是用來讓對方知道「我喜歡妳」的方法而已。

「告白」是一個絕對沒有風險的強大招式，因為沒有人不喜歡被別人喜歡，所有人都喜歡被喜歡的感覺，只要喜歡自己的人不會造成自己的困擾。

我舉個簡單的例子：假設你對林志玲沒有特別的好感，但她突然跟你告白，說她喜歡你，你會覺得很困擾或很厭煩嗎？不會，雖然搞不清楚她到底喜歡你什麼，但你還是會高興上一陣子，因為覺得自己被一個很不錯的人喜歡。如果你覺得林志玲這例子太浮誇了，那也沒關係，我們再換一個例子：假設你身邊某個外型乾淨普通的女同事或女同學，突然跟你告白，說她喜歡你，你會覺得很困擾或很反感嗎？抱歉，還是不會，因為我們對於「自己被喜歡」這件事，就是會判斷為好事，除非這個女生從告白那天開始每天騷擾你。而且有趣的是，如果這個女生沒有騷擾你，但也沒有跟你有太多的接觸，你反而可能會開始多注意她在做什麼，甚至偶爾會多跟她說說話，因為你知道她喜歡你，你接近她不會被拒絕或傷害，反而能得到價值感。

　　這就是「告白」之所以威力強大的原因——對方覺得自己對你而言是有價值的，而人都喜歡有價值的感覺。

告白的注意事項

1. 不要用得太嚴肅

很多人都因為把告白當作「確認關係」的手段，所以要告白前都會支支吾吾、緊張兮兮的，或是在家排練了很多次，希望能有完美的表現。不論是前者還是後者，都會讓對方感受到一種「好像要給你一個答覆」的壓力，在這種狀況下，告白就成了壓力來源。所以切記，告白的時候盡量以輕鬆、不刻意、隨口提起的方式表現，而且不要單講「我喜歡你」。

○正確示範：「你也太可愛了吧，我如果喜歡上你怎麼辦。」「我還蠻喜歡你的啊！等下要不要一起去吃宵夜？」「這樣我會越來越喜歡你耶。」

✕錯誤示範：邀約對方去吃浪漫晚餐，打扮過於隆重，甚至買了 99 朵玫瑰或安排了樂團，吃飯吃到一個自己覺得氣氛不錯的時候，用沉重或緊張或很猶豫的語氣說：「其實……我很喜歡你。」

說明：正確範句雖然都有出現告白台詞「我喜歡你」，但在句型上做了變化，例如稱讚對方後，隨意說出會喜歡上對方，或是再拋出一句輕鬆的、與告白無關的話讓對方可以回應，不把斷點停在「我喜歡你」，氣氛就不會太嚴肅或讓對方感到壓力山大。

2. 不要太早用

在認識前期使用也是告白的大雷，尤其如果配合上第一點，更是雷中之王。過早的告白只會讓女生覺得：「你又不認識我，到底是在喜歡我什麼？」所以如果想在前期使用告白，可以針對事件或特質來表現。

○**正確示範：**「你心地很善良耶，我很喜歡這點。」「我超喜歡跟你相處的，跟你聊天好輕鬆喔。」
✕**錯誤示範：**約會不到三次，或是認識沒多久，就直接說：「其實我很喜歡你！」

說明：有發現正確示範裡的「喜歡」都是其來有自嗎？例如喜歡的是對方「心地善良」或是因為對方給你「聊天很輕鬆自在」的感覺。在前期這樣明確指出對方讓你喜歡的特質或事件，會讓對方覺得你是在相處下進而發現她的好，而不是亂槍打鳥。

3．不要做得太誇張

別再迷信什麼 99 朵玫瑰花很浪漫了，如果對方不喜歡你，只會讓她覺得這垃圾很難丟；如果對方喜歡你，也有可能覺得很浪費錢。在告白的時候，不要做太誇張的行為，有時候越盛重，代表的不是越有誠意，而是越有壓力。

4．可以做些行為表示，但同一招不能用太多次

由於像告白這類被列屬於「關鍵時刻」的行動，基本上都會在關係進入曖昧之後才做，所以到了對方也對你有一定程度好感的時候，你可以用一些行為做為表示，例如做東西給對方吃，但一樣記得，不要做得太專業太豪華，走一個平易近人的樸實路線，效果會最佳。如果對方又知道你其實不擅於此道，那感動程度會再度提高。但記得，同一招如果使用太多次，會造成邊際效益遞減。而且最好不要對每個人都做同樣的事。

　　「告白」的重點在於真誠的向對方表達自己的好感，讓對方確實接收到你的喜歡，即使表現的有點笨拙也無所謂，重點在於真實的感受，不要有所隱藏。只要你沒有打算用告白來換取什麼，也不會把自己快樂與否的責任加諸在對方的回應上，「告白」就是一個絕對能增加好感值的利器。

展現脆弱

對我而言，你是
重要而特別的存在

由於社會框架與傳統的期待，男性從小受到的教育都是「要堅強」、「要有肩膀」、「不准哭」、「男兒有淚不輕彈」……等等關於封鎖自己情緒的教條，這養成了大部分的男性無法在外人面前展現脆弱的習慣，並深信這是男性該遵守的美德，唯有堅強才是真正的男子漢。

跟女性不同的是，男性無法像女性一樣跟自己的閨密、姐妹訴苦、哭泣、尋求安慰，男性對於處理自己兄弟負面情緒的方法，不是沉默就是喝酒，很少會看到兩個男人抱在一起哭的畫面。因此，男性在尋找伴侶的時候，多半渴望能找到一個能互相了解、能講心事、互相支持分享陪伴的對象，因為這些跟脆弱有關的事，對於男性來說是無法向外界展現的一面。

既然男性的脆弱在社會上的觀點是如此見不得人，那我們就

反過來利用這個特性，在特定的對象面前展現自己的脆弱，藉此讓對方感覺自己對你來說是一個特別的存在。

　　「展現脆弱」利用的兩個特性，分別是女性天生的母愛，以及會形成女性安全感來源的獨特性。看起來越陽光堅強的人，在展現脆弱的時候所能製造的反差會越大，而這樣的反差會讓別人產生「他只有在我面前這樣」的感覺，進而讓他人感到自己的與眾不同。

　　在「關鍵時刻」這個步驟裡，我們要做的事情是製造極大的心動感，或是補足之前不足的部分。到了這裡，就不再建議大家使用泛用的方式，而是針對自己個人的特質做反差或補強。

　　「展現脆弱」就是極適合做反差及拉近彼此距離的一種方式，它同時也能協助關係平衡。許多刻意讓自己維持堅強的人，同時都會希望自己表現得完美無缺，這種類型的人會讓人只敢遠觀而不敢褻玩焉。雖然讓人覺得很可靠、很有肩膀，但同時也會讓人覺得自己似乎無法進入他的世界，在關係上的安全感就會降低。

　　人喜歡被幫忙被照顧，但同時也喜歡自己能為別人帶來好處，這會讓我們產生價值感。但過於堅強的人，並不會留給對方「照顧或幫忙自己的機會」，也因此，待在這類型的人旁邊，女性常會覺得自己一無是處，雖然這種人很可靠，但反而會讓女性

對於這段關係的安全感變得更低，因為她們會認為自己對於這類人來說，或許只是個花瓶或累贅。沒有人喜歡這種感覺。

所以，當堅強的人願意留點縫隙讓別人照顧或協助自己時，除了反差，也會讓對方覺得自己是有用的、並不只是一個單方面接受的人，自己也有能力回饋給對方。這樣的感覺能讓關係回歸平衡，也能讓對方變得喜歡在這段關係裡的自己。

這邊要特別注意的地方是：千萬不要丟情緒給對方，千萬不要。很多人會把「展現脆弱」跟「丟情緒給對方」畫上等號，在這要特別提醒大家這兩者的區別。

展現脆弱指的僅僅是我們也會有疲累、脆弱、無法負荷、需要幫助的時候，丟情緒則是將自己的負面情緒傾倒給對方，要對方為你的情緒負責。非常多的人都有將情緒丟給對方的傾向，而且荒謬的是，他們丟的情緒通常都是對方的反應不如自己的預期，自己腦補太多所產生的負面情緒。例如，對方最近比較忙，就酸對方說「很忙哦」，或是表現出一副被棄養的小狗般的神情。

記住，沒有人有必要為你的情緒負責，就算你今天娶妻生子了，你的妻小也都沒必要為你的情緒負責。沒有人應該要去處理你的情緒，更何況你跟對方八字都還沒一撇的時候，為什麼對方需要承擔你的情緒？為什麼對方要安撫你、哄你開心？處理情緒

本身就是自己的功課，就算交往了、結婚了都一樣，當你一把情緒丟到對方身上，就代表你不願意為自己的情緒負責，你希望由別人來替你負責，但憑什麼別人要對你負責？

　　當你要展現脆弱時，你唯一要做的事情只是展露自己不同的面向，然後用分享的形式，將你脆弱的一面表露出來。別人願意聽、願意安慰你、願意照顧你，那是人家慈悲心腸，請記得感謝對方，因為這不是他們的義務，自己的情緒還是自己的事。

　　你可能會在初次向對方吐吐苦水（這裡指的是丟情緒）的時候嚐到點甜頭，覺得對方很關心你、很照顧你，你開始感到自己被愛、被呵護，於是你便越來越習慣這麼做。初期對方可能還是會配合，還是會給予你關心，但久而久之，對方對你的感覺只會越來越厭煩。而到了對方再也無法承受的時候，對方會開始想跟你漸行漸遠，你卻渾然不知。等到了關係消失那一步，你再怎麼懊悔也於事無補。

　　而如果你本身就屬於氣質較為陰柔、陰鬱類型的人，你最好少用展現脆弱這個方法，甚至完全不用也無所謂，因為你的特質本來就與脆弱有連結，再展現脆弱也無法讓別人感覺到反差，只會更落實你「陰沉」的印象。除非你的對象是全身發光的聖母，否則過度的脆弱，對於女性而言只會連結到「不可靠」的形象，

對你的關係發展並沒有任何幫助。

　　不論你是哪種類型的人，在展現完脆弱之後，都務必要讓對方感覺到你有在振作，而不是像一灘爛泥一樣躺在地上不動。我們都能接受人有脆弱的時候，但不是在別人一而再，再而三的幫忙之下，還一蹶不振，那只會讓人覺得你是扶不起的阿斗。

反駁

我有不同的想法

上一節講完了堅強系男子的絕招——「展現脆弱」，這一節，我們來談談溫和系男子的絕招——「反駁」。

有別於堅強系男子讓人覺得可靠、有肩膀，溫和系男子多半給人溫和、無害、體貼、細心之類的感覺，兩大類型各有千秋，不管你是屬於哪一種都無所謂，也不用因為覺得「男人應該怎麼樣」，或是「怎樣的男生比較受歡迎」而逼迫自己改變或偽裝成某個樣子。不論你是哪一種類型，都無法保證你的感情運就一定順利或不順利，影響你感情運的，並非你的類型，而是你是否知道自己的類型，以及如何妥善運用。

溫和系男子會在感情上失利，多半不是因為不夠體貼、不夠細心、不夠懂得傾聽，因為一個又溫和又不懂上述三項的男人，根本不會被視為一個對象，通常只會成為工具人。工具人的特點就是不敢對心儀的對象表達不滿，只會用討好的方式希望交換對

方的感情，這跟溫和系有非常大的差別。溫和系男子只是個性溫和、不太會表達強硬的情緒，但通常都是體貼細心，而且善於傾聽的，簡單來說，就是陰性特質比較重。

這表示了，溫和系男子是有跟女性成為「朋友」的能力的（某些溫和系男子會轉職進化為閨密系）。既然有跟女性自然談話、讓女性願意跟他們多聊多相處的能力，代表了「男人」中的「人」的元素是沒問題的，那我們要加強的就是「男」的元素。

一般而言，男性都會被視為陽性特質較重的一方，而溫和系男子缺乏的就恰好是陽性特質，所以會被當成朋友、會覺得相處舒服，至於要交往，好像就少了點「什麼」。這個「什麼」指的就是陽性特質所帶來的心動感，而「反駁」則是最容易在瞬間製造陽性能量感覺的方法。

「反駁」指的並不是指批判對方，或是處處跟對方唱反調，它其實就只是「說出自己心裡不同的想法」而已。溫和系男子有個特點——不直接表達自己的想法，這點跟堅強系正好相反，堅強系男子有很多強烈的主張、許多的應該與不應該，但溫和系男子沒有，這也是為什麼溫和系男子通常是很好的聽眾的原因。

但正因為「什麼事都覺得可以」，所以會讓人有太溫順、太服從的感覺。女性會想找有捍衛能力的對象，因為這象徵了如果

未來遇到困難，這個對象可以守護自己與後代，而溫順和服從給人的感覺與捍衛的陽性能量相反，反而是屬於陰性特質，所以溫和系男子很容易當朋友或閨密，卻不容易成為情人。

　　如果你天生的陰性特質跟我一樣比較重，那也無妨，只要你能在關鍵的時刻展現出捍衛的能量即可，這也是為什麼我要特別介紹「反駁」法的原因。

　　「反駁」最常用在你與對方有不同的見解、對方不斷批評自己的時候。當你與對方在討論任何事時，你可以提出自己與對方不同的意見。大部分的人都不想承擔可能被喜歡的人討厭的風險，在相處的時候總是想附和對方，即使有不同的想法，也不想提出來，以為自己只要營造出跟對方很合、想法看法都一致的假象，就能夠增加被喜歡的機率。但一味的附和，只會讓對方覺得你沒主見、沒想法、很無趣。

　　不同的看法有時的確可能造成一些紛爭，但只要不批評對方、不把自己的觀點硬套到對方身上，觀點的不同就只是一種討論。當然，你也有可能遇到當你提出不同看法時，強烈批評你的女性，這時候，我就會把它當作一個篩選機制，直接將對方從候選名單中剔除。不是只有女性有選擇的權利，你也有。

　　「反駁」另一個強效的用法，是在對方不斷批評自己的時候，

強硬的中斷。很多女生會對自己有過於嚴苛的要求，但她們在批評自己的同時，其實想要聽到的是別人對於這些批評的否定，也就是她們想要被稱讚，卻藉由否定自己的方法來得到讚美。這種女生否定自己的頻率通常相當高，聽久了其實蠻煩的，這種時候就是使用反駁的好時機。

舉例來說，當一個不怎麼胖的女生，一直說自己很胖的時候，你就可以說：「我真的覺得你沒有很胖，你為什麼要一直這樣說自己？」對自己很沒自信的女生，如果一直說都沒人喜歡自己，你可以說：「一直這樣批評自己，別人就會比較喜歡你嗎？我就很喜歡你啊！我不算人嗎？」

除了否定對方的負面，也可以否定對方的正面，這種方式就是一般坊間說的「打壓」。例如：對方說自己很正，你可以說：「你還沒睡醒喔？」否定正面的時候要特別注意，否定的必須是對方不自卑的地方，例如你只能否定公認的正妹的外貌、否定身材超好的女生的身材，絕對不要在有點肉的女生說自己最近瘦了的時候嗆她，這會讓她崩潰，對於你們的關係基本上是沒有幫助的。

增加陽性特質的方法，除了「反駁」之外，還有一個叫作「命令」。「命令」的涵蓋範圍很廣，但為了避免大家操作不當，反而讓人有頤指氣使的感覺，在這邊，我將「命令」限縮為「強硬

的要求」。

　　「命令」的用途，主要在對方需要協助卻又拒絕的時候。例如對方現在身體不舒服，你強行帶她去看醫生；或是對方拿一個東西覺得太重，你用命令的方式跟對方說：「給我。」這些都是命令的用法。這些強硬的要求有一個共通點，就是並不是要求對方給你什麼，或是幫忙你什麼，而是強硬的給對方她現在需要的東西，阻止對方的逞強。

　　不論是「反駁」還是「命令」，在這一節裡，我們要增強的都是陽性的特質，所以如果你本身就已經給人強悍的感覺，就不需要特別使用這些方法，反而是用柔情策略會更為有效。

療癒

我接納那些
你不接納的自己

　　人在親密關係裡追求的，一直都是愛。有些人無法停止談戀愛或是招蜂引蝶，都是因為他們對於愛的渴望並沒有被滿足，只能透過不斷的被異性喜歡，來證明自己的存在價值。在每段不同的關係裡，其實人們都在追尋同一個東西，那就是「愛自己的資格」。

　　「愛自己的資格」乍聽之下很愚昧，愛自己還需要什麼資格？但那是我們理智上的想法，更多時候，我們在情感面之中，是不認為自己有資格被愛的。

　　很多人從小受到的教育方式就是責怪，只要沒有達到某個目標，就會被責罵，在這種教育下長大的孩子，很容易認為愛是有條件的，自己必須滿足某些人的期待，才會被愛；有些人的家庭或許沒有特別採用責罵的教育方式，但在成長的歷程之中，也同

樣經歷了一些挫折，例如被同學排擠、霸凌，這些經驗也會令孩童疑惑自己的價值。每個人都有屬於自己的成長背景，但在現今的環境下，其實我們對於「愛」的理解及感受都太過稀少，以致於有太多人根本不懂得怎麼愛自己，也不知道要如何接受愛、相信自己是值得被愛的，但這些人偏偏又是最渴望愛的一群。

所以我們可以為別人做的，是接納那些他都無法接受的自己，也就是「療癒」。

「療癒」有深層跟淺層之分，但在這邊，我們只要做到「接納」就好了。有些人會追求成為別人的心靈導師，努力想開導對方或為對方做更多，但事實上，我們不見得有這個能力去處理對方的問題，而且在對方開口請求我們協助之前，任何擅自的干預，對於雙方都不是件好事。如果你的目標只是談戀愛或讓對方喜歡你，我們只要做到淺層的療癒，也就是接納，就足夠了。

接納聽起來簡單，實際做起來卻不見得是這麼一回事。我們對事物的觀感，往往都來自於我們主觀的想法及投射，當我們帶著這些以自身為本位的東西去看待人事物時，就很難真的去接納與自身價值觀不同的一切。

所以接納的第一個步驟，其實就是放下自身的想法，放掉那些好壞對錯，只是去看、去聽，然後接受這個人就是這樣、這件

事就是這樣。不需要去評論什麼，我們並沒有偉大到可以去評論別人的人生、評判別人過得如何，我們只需要去了解、去認識，就足夠了。

當然，你不見得要在理解完之後完全默不吭聲，你可以跟對方分享你的感覺、你的想法，但那不是論斷，只是你感覺到的東西，那是你的感受。例如，當對方跟你說：「我以前跟很多人一夜情過。」評論式的回應可能是：「女生這麼隨便不好吧？」但感覺式的回應會是：「我沒有過這種經驗，我可以問你為什麼想這麼做嗎？」或是「聽起來你好像很寂寞。」不要一開始就用社會的道德框架去束縛別人，因為社會的道德是屬於社會的，每個人都有自己做出某個行為的原因，他們自己也知道不符合社會的道德規範，這點根本不需要別人再去提醒，他們需要被別人理解的是他們為什麼這麼做？他們遇到了什麼事？他們內心在想什麼？而不是單純的一句「很好」或是「不好」。

「療癒」有另一件重要的事情，叫作為自己劃下界線。很多人都很脆弱、需要依賴別人、渴望別人給自己愛、希望別人接受全部的自己，以為只要找到一個夠愛自己、能接納自己全部的人，人生就再也不會遇到困難了。這樣的想法其實是很不負責任的，這些想法都在把自己人生的、情緒的責任丟到另一個人身上，希

望別人能夠為自己的人生及情緒負責。

這種人其實非常多，多到你在路上隨便抓一把，可能有一半都是。這種人在覺得自己被療癒、被接納之後，很可能會將那個接納自己的人當成浮木一樣緊抓不放，並且出現情緒勒索的行為，最後也有可能會演變成恐怖情人。

所以，在你要做「療癒」的時候，除了接納、支持以外，你仍然必須告訴對方，你頂多只能夠陪伴他，但自己的困難、自己的情緒，最終還是得依靠自己解決，你能為他做的，只有在他沮喪挫折的時候，持續的給他支持與陪伴，你無法幫他處理那些人生的大小事，即使你能提供些意見、能幫點忙，最後做決定的、做出行為的，都還是他自己。

不要不好意思告訴對方這件事，這件事對於關係的維持非常重要，因為關係只要一進入病態的依賴，就很難好好的維持，很容易變成一方照顧一方索討的狀況，這通常不是我們想要的長久關係。如果你想要一段更輕鬆、更健康、彼此更能成長的關係，就必須在療癒的最初，讓對方明白這個道理，才不會讓對方在以為自己找到浮木之後，又覺得被拋棄，認為你是個騙子。

不論你療癒的對象是誰，都要記得謹守自己的界線，不要做超過自己能力負荷的事，當你覺得已經沒有餘力陪伴或支持對

方，或是你有自己的事要忙時，記得就要讓自己喘口氣，先顧好自己，否則「療癒」只會讓你筋疲力盡，最後只會讓你從對方身上加倍的要回來而已。

Part 8

確認關係

交往的成敗是如何決定的

生活需要與
幸福需要

　　所有人終其一生都在渴望愛、尋找愛，要說哪個女人不想找到真愛，我覺得那是騙人的。但隨著現實環境的改變，女人對於「交往」的要求，也往往隨之轉變。所以在這章開始前，我首先要讓大家分清楚幾件事──「喜歡」跟「交往」，是兩件不同、而且沒有必然關係的事。

　　我們先來看兩張圖：

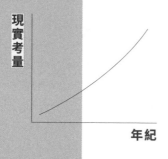

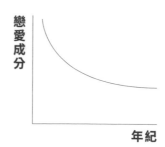

　　這兩張圖分別代表了年齡對女人的交往標準所帶來的影響。年紀越輕的時候，大部分的人其實都對於「長期關係」是較沒有意識的，雖然很多人會抱持著想要戀愛結婚的心情，但對於「婚姻」或是長期伴侶，並沒有迫切的需求，所以在年輕的時候，大部分女性在決定交不交往這一點上，最主要的考量是喜歡與否，只要喜歡，試試看也無妨。

　　但隨著出了社會、年紀也開始增長之後，越來越多人清楚的意識到自己要找一個長期伴侶，而長期伴侶意味著必須擁有許多能力，包含了個性的契合度、經濟能力、家庭狀況、家事能力、溝通能力等等，這些能力比起年輕時候追求的戀愛感來得更加重要，因為大家都知道，長期伴侶不是什麼三五年的合作對象，而是要一起面對未來人生風雨的抗戰夥伴。

　　在這樣的情況下，影響一個女人決定跟誰交往的因素就變多了，而且變得很多，但這不代表只要你的經濟能力夠好、有房有車，對方就會選擇你。雖然女人對於對象所造成自己戀愛的感覺的標準，已經比年輕時降低許多，但它仍然是一個存在的元素。

　　所以在這邊，我們可以簡單將女性分為 25 歲以下，跟 25 ～ 32 歲，還有 32 歲以上，這三個區間。25 歲以下的女性，你只要能夠充分給予對方戀愛的感覺、心動感，你不必有房有車，就

算只有一台腳踏車,都可以輕易的跟對方交往(我這裡指的是多數,仍有少數的女性不在此列);而 25 ～ 32 歲這個區間的女性,往往都已經開始朝結婚或長期交往作準備,所以在選擇對象的時候,開始會將經濟能力、個性契合度這兩個條件,也列入考量。所幸,因為她們未來的日子還很長,如果此時的你經濟能力並不算太優渥也沒關係,她們會將你未來的前瞻性也算在經濟能力之中。這個區間的女性,雖然開始會考量實務層面,但對她們而言,戀愛的感覺仍然是相當重要的,她們還是希望可以找到一個自己很喜歡,也符合這些條件的對象;但當女性到了 32 歲之後,考量比重就會大幅的從戀愛層面轉移到現實層面。大部分在這個區間的女性都已經放棄尋找真愛了,不論她們有沒有打算結婚,都會開始致力於尋找共同的生活伙伴,比起戀愛,她們更在意對方是否有足夠的能力維持生活品質、家庭是否沒有老人病人需要自己照顧、雙方溝通是否無礙、是否會幫忙分擔家務……,這些務實的考量,是放棄尋找真愛的女人最後會堅守住的現實堡壘,非常難以撼動。

那為什麼在一開始,我要說「喜歡」跟「交往」,是兩件不同而且沒有絕對必然關係的事呢?

以前,我們可能會把喜歡跟交往劃上等號,認為只要喜歡,

就會交往，或是對方願意交往，應該就是喜歡，但它們其實沒有必然的關係。如果你今天家裡環境好、條件好、各種好，但對方完全不喜歡你，那她有沒有可能跟你交往呢？基本上，答案是否定的，除非這個人只是想找個人嫁了。

但如果你環境好、條件好、各種好，對方有一點喜歡你，那她會不會跟你交往呢？25 歲以下的女生可能會，她們會抱著一個試試看的心情，但如果試過發現不太行，很有可能在三個月內分手；25 ～ 32 歲的女生跟你交往的機率，會比 25 歲以下的女生還高，因為你是一個適合結婚或長期發展的對象，所以也會覺得試試看，試過以後如果發現不行，大概會在半年到兩年內分手；32 歲以上的女生，跟你交往的機率高到不行，因為你實在太適合結婚或組成生活同盟了，基本上只要你沒有什麼重大缺陷，這一點喜歡已經足夠她跟你結婚生子，但會不會離婚又是另一回事了。

那如果你今天三十好幾，但一窮二白，在數年內看起來也沒什麼發展性呢？一個很喜歡你的 25 歲以下的女生可能會跟你在一起，同樣很喜歡你的 25 ～ 32 歲的女生可能會非常猶豫，最後要看她屬於感性型還是理性型，來判斷她會不會跟你交往。但如果你不幸找到一個 32 歲的女性，除非她非常的夢幻或家裡很有

錢，否則不選你的機率高得驚人。

　　所以你可以發現，基本上不論你再怎麼加強你的硬體、賺再多錢，只要對方沒對你有一丁點的喜歡，你就只會吸引到想找長期飯票或結婚對象的女人，這是你要的嗎？交往其實不困難，一點也不困難，只是如果對方對你沒有感情，那這樣交往的意義又是什麼呢？

　　有些人迷信女人都愛高富帥，認為只要口袋有錢就會有女人，但根據我多年的經驗，很多口袋有很多錢的人，還真是找不到女人。對女人來說，錢固然重要，但那是為了維繫長期關係所需要的資源，在長期關係開始之前，更重要的是你是否能通過「交往」這個門檻，而這個門檻所需要的資格，僅僅只是你有足夠的經濟基礎，以及她對你的喜歡。

　　決定一個女人是否跟你交往的，其實主要來自幾點：

1. 她對「男朋友」或是「伴侶」的投射

2. 她對你的心動程度

3. 你現實層面的條件是否跨過門檻

　　其中，第三點是最不重要的。你不難發現，很多女人會説自

己要找身高 180 公分以上、幽默風趣、陽光外向、學經歷如何、年收破百的男性，但最後她們交往的大概都不是這樣，因為第三點是理智上的考量。人的大腦在做決策的時候，理智永遠不會贏過感性，所以當她們遇到一個符合自己投射，又讓自己心動不已的對象時，那些理性條件就全被拋諸腦後，並且會說一句：「真的遇到的時候，就會覺得那些不重要了。」

　　上述講的，全都是關於「交往」的分析，而本書前面所有的章節，都是在讓你能在保有自我的狀態下，最大限度的滿足對方的投射及心動感。由於我們並不會在剛認識對方、完全沒有相處的情況下去向對方確認關係，所以我們要知道的是，當你在進行「確認關係」這個步驟時，成功與否，完全是靠你們相處過程中所累積出來的感覺來決定的，這也是為什麼我們如此強調「延續相處」這個步驟的原因。

　　當你在整個相處過程中，讓對方不斷產生心動感、安全感、跟你交往會很幸福的感覺，你大多數的劣勢都會在喜歡的粉紅泡泡中被掩蓋，這時候對方就會選擇跟你交往；相反的，如果你有很多硬體優勢，卻無法在相處過程中讓對方感到輕鬆愉快、緊張害羞，那你最後只會變成對方口中的「他真的很不錯，但就是少了點什麼」的對象。

　　交往是兩人在情感累積與實務考量之中得出平衡的結果，它不會單純的由金錢構成，也很難完全由感情來支撐，愛情不需要麵包，但生活需要；生活不需要愛情，但幸福需要。如果你的目標對象是想往婚姻或長期關係發展的女性，請務必同時考量感情和實務兩個層面，才能將你的成功率提高到最大。

Part 9

失敗以後

為什麼會失敗

失敗後的第一件事

　　這是一本很實際的書，所以我必須坦白的說，即使你正確理解了我書中的所有內容，也完全正確的實踐，仍然會有一成的失敗率，更別提大部分的人其實根本無法正確實踐了。

　　在這樣的前提下，我覺得將「失敗」這個確實有可能會發生的事情，寫在書裡，對於正在閱讀本書，並且想要交一個喜歡的女朋友的你來說，將是一件重要的事。它會讓你知道失敗並不可怕，我們一直以來的恐懼並不是來自於被拒絕，而是我們不知道被拒絕之後該如何是好。而這個章節，就是要教你如何盡可能的在失敗之後扭轉局勢，最不濟，至少也讓你做到不破壞原有的關係。

　　當我們在「確認關係」時失敗，代表了我們在整個過程中，可能有某些部分是做得不夠紮實的，所以第一步，我們要做的事情是：先拿出你的流程表，開始確認你的每一個步驟有沒有少做

或多做了什麼，以及再判讀一次對方的好感訊號和基準線。

　　如果你過去的交往經驗值不高，最容易出現錯誤的地方在於「引起興趣」。交往經驗值不高的男性，如果女生朋友又不多，很容易將「禮貌」、「朋友」跟「對方對我有興趣」搞混，以為對方的回應是因為喜歡，事實上只是因為對方很有禮貌或是把你當朋友。

　　驗證該階段的方法，請從對方的回應速度及品質來確認，如果對方好聊又好約，就再看對方的行為是否有偏離基準線。如果你發現在「引起興趣」這一段就出了問題，就順便檢視一下「延續相處」的時候，你是不是也表現得不怎麼樣。

　　如果你是在「延續相處」時出問題，多半不需要多作檢討，因為出現冷掉狀況的機率非常高。如果已經冷掉，你還要硬衝一波，下場是可想而知的。這時候就請你往回翻到「延續相處」的篇章，確定一下自己是屬於一成不變，還是打鐵沒趁熱，讓對方等到沒興趣。

　　假設前面兩個階段都沒有問題，你可以開始思考是否自己對對方的配合度太高，導致對方沒有因為你而產生情緒上的起伏以及內部投資。如果是的話，那表示你「缺」的心態偏高（詳閱230頁檢測表），在「缺」的狀況下，人們會無法將自己作為重心，

會百般的配合對方，以求得到一個美好的結果。但「缺」不僅會讓人失去魅力，同時也會帶來壓力，你在處處配合的情況下，內心勢必有委屈和不滿，這些情緒上的累積都會讓彼此的相處變得不自在，導致你的魅力急速降低。

接下來，如果你的生理性別是女性，或是你的硬體條件極差，而前面的步驟都沒出錯，對方也有符合好感指標，那代表的是你沒有成功的將「人類獨特性」的意識植入到對方心中，以致於最後礙於現實層面考量而無法過關。

那有沒有可能出現「好像都沒問題，但還是被拒絕了」的狀況呢？有，絕對有。但這種情況，多半是對方對你的好感程度不夠高，或者對方需要更長的時間觀察彼此的適合程度，會出現這種情況，表示你的對象理智線相當堅定，這種時候，就跟你怎麼做沒有太大的關係，只是需要多給對方一點時間，讓她觀察她想觀察的一切資訊即可。

而另一種「好像都沒問題，卻還是被拒絕」的情況，多半不是真的沒有問題，而是你沒有意識到自己的問題，或不願意承認。這類型的問題大多來自於壓力、批判性、框架、自身內在的情緒不穩定、自我價值低落……等等，非肉眼可視類型的問題。這類狀況無法透過時間或技巧層面來解決，只有回歸自身、處理自身

課題這條路可走。

那在我們一邊檢討的同時，我們與對方的相處，又該呈現怎麼樣的形式呢？

最基本的做法，就是先維持正常相處。很多人自爆告白，求的是一個爽快的解脫，但我個人認為這是沒有太大意義的。畢竟你想要的是跟對方交往，而不是再也不跟對方來往，爽快解脫只是因為你無法承受不知道對方有沒有喜歡你，不想再繼續又期待又怕受傷的關係罷了。

而「告白後大家變得很尷尬」正是絕大多數女生最害怕的狀況。有些女生想盡可能的避免被喜歡，並不是因為她們不想被喜歡，或是你這人很糟糕，而是因為自己沒辦法勉強答應跟你交往，但又不想失去一個朋友或一段關係，這樣的感覺就會導致壓力的形成，壓力過大正是阻礙關係發展的一大主因。

此外，不只女生怕告白後變尷尬，很多男生也怕。「告白後連朋友都做不成」的恐懼感，會讓人裹足不前，導致原本會成功的事，因為錯過了時機或是自己的膽怯而失敗。

但在這裡必須鄭重的告訴大家，「告白失敗」跟「無法當朋友」，是兩件沒有關係的事。如果你們真的是朋友，就沒有任何一個人會因為自己的朋友喜歡自己，突然覺得再也無法跟這個人

當朋友，絕對不會有人想要因為被喜歡而失去一個朋友，真的會讓你們無法繼續當朋友的，是你的尷尬。

拒絕人的一方覺得尷尬是正常的，而被拒絕的一方，如果在此時並不覺得尷尬，仍然能以自然的態度與對方相處，拒絕方就會自動變得輕鬆，因為拒絕方的尷尬是來自於「我不知道怎麼跟這個喜歡我，但我不喜歡他的人繼續正常相處」，因此只要你能率先做到這點，對方的尷尬就會不攻自破。

只要雙方的相處能夠不尷尬，不僅先避免了「無法當朋友」的可能，也讓關係能夠繼續發展。只要能夠繼續發展，就會有第二回合的機會，這就是為什麼我會說：「最基本的方法就是先維持正常的相處。」這個方法，不論你之後進與不進，都是最保險而有彈性的方法。

另一種狀況則是：如果你發現自己其實是個工具人，或是因為自身課題、壓力之類非實質項目所導致的失敗，那建議你可以直接抽離這個戰局。

抽離戰局指的並不是你就此放棄，而是要你先花一點時間去處理自身的問題。不論是工具人、課題、壓力，都與你自身有較大的關係，還記得我們在本書的開頭提到的：「你跟自己的關係好嗎」這個問題嗎？你與自己的關係，會直接的影響到你與他人

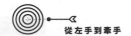

的關係，你會變成工具人，很有可能是因為你有自我價值低落的問題，連帶產生了過度付出的議題，所以才會變成工具人，而其它的問題也是同樣的狀況。

因此，抽離戰局是讓自己有時間能去好好面對、完成這些課題，同時也避免你繼續死纏爛打，把關係搞得更糟。這段面對自己的時間，也能讓對方對你之前的印象稍微淡化，當你完成課題、再度出現後，反而能讓對方有煥然一新的感覺。

那如果在我們繼續跟對方保持正常互動，或是抽離了戰局，完成自己的課題再度回來之後，事情一樣沒有改變呢？

這時候，我們就要進到下一個篇章——離開。

離開

只因曾經擁有

在流程圖裡，我們可以看到有兩個地方都有箭頭指向「離開」的方向，這代表了「離開」其實可以非常廣泛的應用。也因為「離開」的複雜及重要性，我將它擺在「失敗」這個篇章裡詳細的解說。

「離開」的第一次出現時機，其實是在「關鍵時刻」。在這個機會點裡，使用「離開」有可能成為對方決定要跟你交往的重要原因，它是一種極度強力的方式。

我們先來解釋「離開」之所以有用的原因。

站在完全無感情的理性面來看，為了生存，人的本能就是收集有利於生存的要素，不論是原始人收集毛皮、食物，還是現代人收集金錢、人脈，都是同樣的概念。而當有利資源消失的時候，我們會感到不舒服、害怕、受到威脅，因為有利資源的消失，代表了生存有可能受到影響。人會盡自己最大的可能，保住有利資

源，這是為了讓自己的生存更保險也更確定。

人類是很容易習慣的一種生物，不管再怎麼好的東西，只要持有的時間夠久，我們就會感到習以為常。而「我」的概念，也會讓人類去區分事物的歸屬。所以結合以上兩點，只要你對於某人而言，提供了某些價值，這些價值不見得是可以量化或具有實質效益的，它可能是陪伴、快樂、關心、價值感，不論是什麼，只要你具備某些價值，而對方習慣了自己擁有你所帶來的這些東西，只要我們將之抽離，對方就會因為失去有利資源而感到不舒服、害怕。這種時候，人們往往會因為無法忍受失去的恐懼感，而決定採取某些行動，來挽回這些屬於自己，但似乎快要消失的東西。

在商業模式裡也不乏這樣的應用：汽車供應商為試乘車配備了最頂極的配置，讓試乘者在試乘過程中，享受並習慣這些配置所帶來的好處，並且產生「如果我擁有這台車，就會得到與現在相同的滿足感」的感覺，於是在實際簽訂契約時，試乘者就有較大的機率購買那些額外的頂極配置，因為他們已經體驗過擁有的感覺。

當我們突然失去某些對我們而言有利的東西時，必然會伴隨著不適感，而人類的天性就是趨樂避苦，這樣的不適感會驅使人

們去做些什麼，來降低這種感覺所帶來的痛苦。在恐懼大於理智的狀態下，人們很容易會捨棄原先理智的考量，轉而以更衝動的行事方式，去取得能讓自己好過一點的東西。這就是「離開」之所以會有效的原因。

有的時候，當我們不必付出代價及義務，就能得到一些服務或好處時，那實在沒有人會想去付出，就像如果有免費的電視看，大多數的人都不會選擇付費收看第四台一樣。當你對對方的好太過周全及不離不棄時，對方不見得會想到要付出代價去維持它，尤其當她對你又不怎麼好的時候，這就是為什麼工具人會誕生的原因——為什麼要對免費的完整資源付費呢？所以「離開」，某種層面上是一種告知，告知對方：「我現在對你好，但我不見得永遠會對你好。」這樣的訊息才會讓對方意識到自己必須相對付出些什麼。這聽起來像交換，但它的本質其實來自於自我的尊重與公平的對待。當你並不認為自己應該得到公平的待遇時，就會發生「不離不棄，被當北七」的事件。

除了對方沒有意識到自己該付出代價的情況以外，「離開」的另一個作用在於，讓對方意識到自己對你的感情。人們常說：「失去才懂得珍惜」，這句話就是「離開」的經典詮釋。當關係變得穩定、安全、自在、輕鬆、習慣，我們會忽略自己對於這個

人的真實感覺究竟是什麼，在沒有特別想交男朋友的情況下，對方或許懶得想這件事，只覺得維持現在的關係就很好、很開心。這時候如果你突然的離開，會逼得對方不得不去思考對你的實際看法，以及感受那種失去的痛苦。

快樂，是讓一個人喜歡你的方法，但痛苦，才是會讓一個人決定跟你在一起的理由。如果你的離開不會讓對方感覺到痛苦，那她就不會想跟你在一起，因為你只是個相處時會很開心，但不見得必需的人；如果跟你相處對方不會覺得開心，那她實在很難喜歡上你，即使你的離開令人難受，那也只代表了你們的關係建立在更功利的層面上。

所以不論你在什麼時候、什麼情況下都可以使用「離開」，來達成以上兩種功效，但有個前提──離開的效果是建立在既有的感情基礎上的。如果你的存在只讓人覺得很不舒服、只是個煩人的追求者，那你的離開只會讓別人神清氣爽，不會有任何的留戀；如果對方根本就跟你還不熟，她也不會有任何「我擁有」的感覺，當然也不會感覺到你的離開；如果你一直嘴巴上說要離開，但心裡或行為上根本沒有展現具體的離開狀態，久了對方只會覺得你在情緒勒索，反而會心生厭煩。

在你擁有可以使用「離開」的前提下，你可以用三種方式具體的展現「離開」：

1. 直接抽離

直接抽離是種強烈而清楚的訊息，讓對方直接從雙方互動中認知到你的消失。好處是具有非常強烈的刺激效果，壞處是如果你無緣無故消失，對方可能會覺得你這人怎麼這樣，產生不安全感或反感。所以如果要使用直接抽離的方式，建議要在對方做了什麼讓你不爽的事的時候才做，這樣會較具合理性。

2. 淡出

相較於直接抽離，淡出的刺激性相對較低，但淡出所產生的效果是更長時間的令人不安，簡單來說，就是你讓對方感覺「你冷掉了」。如果我們面對一個直接抽離的人，可能會直接問對方，是不是自己做錯了什麼？或是對方怎麼了？因為是一個具體的事件及現實情況。但面對淡出，我們只能說「感覺好像怪怪的」、「不太對勁」，卻說不上來到底發生了什麼事。在無法明講的情況下，不安也會日益增加，而在不安期間所產生的內部投資也會增大，最後引發對方的不安全感爆棚。

但淡出這個方法非常吃個人狀態，如果對方沒什麼反應，你可能會自己先受不了；如果對方很有反應，你可能又會回復先前跟對方的關係，對

於徹底改變關係狀態無濟於事。

3．異性刺激

異性刺激其實就是讓對方知道「妳有情敵」，藉以提高對方的危機意識及積極程度。一般來說，異性刺激所帶來的「離開」效果並不是立即性的，而是一種隱憂、一種「你可能會離開」的潛在選項。當人們感覺到自己的地位可能不保的時候，往往會做出些關鍵性的動作，來確保自己仍處於安全位置，而在戀愛關係裡，這樣的動作通常就是確認關係。

異性刺激有個必須特別注意的地方在於，如果你本身就屬於女人緣很好，或會讓人覺得很花心、輕浮的類型，最好別再刻意操作這個方式，這只會讓對方對你的安全感下降到不想交往的程度。在這個前提裡，即便你從未提過半個女人，對方也會擅自假設你同時有很多條線，或有很多女生喜歡你，你什麼都不必做，對方已經為自己開啟了異性刺激，這時候多做反而無益。但如果你是個看起來老實木訥、沒啥女性朋友、身邊也沒有什麼異性的人，就必須製造一些異性刺激，來加速對方的腳步。

異性刺激的作法很簡單，其實只要稍微多提到某個特定異性就可以了。唯一要注意的地方是，不要做得太粗糙。例如說：「最近有個女生一直想約我，妳覺得我要答應嗎？」這種就屬於粗糙的範疇，會讓對方感覺到你好像在用招。但如果你是曾經提過某個異性，後續提到的頻率漸漸

提高，就會讓對方直覺聯想到你與該異性最近的關係似乎有所進展或變化，你對該異性的在意程度似乎也提高了，這時候才會產生異性刺激的效果。

　　以上三個是「離開」最簡單的具體用法，請自行選用你認為適合自己及目前情況的方式使用。但要記得，只要對方對你的好感程度小於 40%，不論你用什麼方式離開，基本上都不會得到效果，除非你是原本喜歡她，但後來跑去跟她很討厭的賤女人交往，不然對方都很有可能毫無反應。

　　接下來，我們要討論的是使用「離開」時的正確心態。

離開的心態

自由是一場
跟自己的對決

「離開」坦白說，不是一件容易的事。在上一篇中，我們將「離開」的原理以及方法，做了具體的說明。但比起這兩者，更重要的其實是以什麼心態做出「離開」的行為。

當我們面對很喜歡的人、追很久的對象、付出了很多感情的女生時，我們無法從這段關係裡瀟灑離去，往往都不是因為我們到底有多喜歡對方，而是因為我們對於完成這個目標，下了太多的苦心與投資，以致於我們變得很執著。到了這種時候，我們其實在意的已經不是這個人了，而是自己是不是失敗了？是不是輸了？是不是所有的辛苦都白費了？這些才是我們真正在意的。

更多時候，我們放不下一個人、接受不了一個結果，是因為我們是在跟自己對決、是在挑戰命運，對方只是一個用來驗證我們是否挑戰成功的實驗結果。我們放不下的不是「這個人」，而

是「這個事件」、「這個結果」，因為它代表了我們的失敗、我們的無能、我們的不值得，而這些才是我們真正想扭轉的。

這些說法，可能會讓你很不舒服，因為它否決了你的一片真心、你的滿腔愛意，但你仔細想想，在你開始越來越在意對方是否也喜歡你、是否會跟你交往之後，你有幾次好好聽過對方說話呢？你有幾次體察到對方的感受呢？你曾經真正的想過對方的意願嗎？你能真正的接受對方或許不想跟你交往的事實嗎？你的世界裡，真的有把對方納入考量嗎？還是一切都只是你自作主張的想法、一廂情願的以為只要事情如你所想的發生，一切都會很美好？那個美好，是你的美好，還是也是對方的美好？

當你仔細想過這些問題之後，我相信大部分的人都會冷汗直流，因為會發現我們其實在乎的都只有自己。如果上述的問題，你完全都有考量對方的想法及感受，你現在絕對不會來看這本書，因為你接受了一切，不論結果對你而言是好是壞，都是你能夠接受的。

你之所以翻開這本書，是因為你沒辦法接受，不論你沒辦法接受的是交不到女朋友、喜歡的人不喜歡自己，還是最後都沒辦法交往，都是沒辦法接受這樣的結果。你在執著的，都是「為什麼不如我的意」，這些才是我們真正放不下的原因。

　　我們找了一堆原因來告訴自己不要放下，例如對方很好、我很喜歡她、我在她身上付出了很多、她很特別、她也喜歡過我、沒有人能像她一樣、我們一起經歷過很多，這是無法複製的……，不論我們找的理由是什麼，其實核心都是在告訴自己：「我不要放下」、「我不要這個人消失」、「我不要結束」。

　　這些都不是愛，只是不願意鬆手。

　　所以，與其說「離開」是一種手段，倒不如說它是一種放下。它是在我們真心願意放下時，會自然出現的現象。

　　某些時候，我們會把「離開」跟「放棄」劃上等號，我們不想成為輕言放棄的人、不想當追不到就走的人、不想做個不專情的人，所以我們選擇不離開、選擇繼續跟對方耗上、選擇繼續拼命。但這樣的拼搏，其實都跟對方沒有關係，更多時候，我們只是想給自己一個交待，我們只是想向自己證明自己是這樣好的一個人。

　　當我們執著時，通常都跟專不專情無關，也跟對方是誰無關，只跟自己心裡過不過得去有關。我們離不開一個人，不論關係的存續與否，都是自己的選擇，我們認定自己離不開，才有可能離不開。

　　而當我們其實離不開，卻要假裝自己離開的時候，別人是感

覺得到的，因為我們的話語裡、狀態裡，帶有憤怒、帶有依戀、帶有不捨、帶有怨懟，這些都是離不開。當別人知道自己還能控制你的情緒時，你實質上根本就沒有離開過，即使形式上你似乎沒有再跟對方聯絡，你的內在從來沒有真的離開這個人，這個人還是可以影響你、控制你，你一點都不自由。

「離開」最重要的，並不是擺出一副「我要走囉」的樣子，不論有沒有真的走掉，都不重要。重要的是，你是否還給自己自由，那種不再被箝制的自由。

在上篇裡的三種離開，其實都是「尊重自己」跟「放過自己」後，所會產生的自然現象，只是如果要將離開當作手段，具體表現出來所會呈現的方法而已。直接抽離代表的是不願意再忍受這樣的關係，所以離開，這是尊重自己；淡出代表的是，已經不再執著於這個對象，雖然仍然保持聯絡，但對方已經不再是人生重心，這是自由；異性刺激代表的是，允許自己擁有與他人自由聯絡的自由，這是放過自己、不再強迫自己必須遵從某種既定規範的自由。

當你能真的放下，不再在乎之後，你自然而然就會做到這些事情，根本不需要刻意表現。而當你真的願意放下後，離開的效果才會自然展現。

　　因為你不執著了、不在意了，你不會再像過去一樣總是擔心煩惱要怎麼跟對方相處、該說些什麼話題；因為你不在意了，所以你不會再時時刻刻關注著對方是否給予回應；因為你不在意了，所以你不會再不斷的想要討好對方、想要表現得好以被青睞；因為你不在意了，所以你真的不會再不斷出現在她的生命裡了。

　　這時候壓力沒了、不平等的關係沒了、討好沒了、過度付出沒了、不離不棄沒了，你真實的在過自己的生活了，於是魅力出現了、自在出現了、輕鬆的感覺出現了、個性出現了、瀟灑出現了，在一段關係裡，你真正擁有的能力與魅力全都浮上了檯面，於是關係改變了。

　　這才是「離開」有用的原因，因為真實的離開代表的是你真實的放過自己。當你真實的放過自己，才不會因為想要什麼、害怕什麼而被控制，你才有辦法拿回屬於自己的權利，尊重自己、過好自己的生活，不再接受虐心而且不平等的待遇，專心的對待自己。

　　你可以把它想像成你在一間待遇極差的公司上班，雖然很痛苦，但為了薪水跟可能的升遷機會，而遲遲不願離職。某天，你突然大徹大悟，決定不再繼續被老闆壓榨，果斷的提出離職，這時候老闆反而開始挽留你、承諾你加薪升遷的機會。但如果你只

是一直嘴上說不想幹了、想離職，沒有人會當作一回事，只會覺得你在影響士氣。

有句話說「不要最大」，離開就只是不要了，你決定真的不要了。這個時候，不管對方要不要回來、要不要挽留、有沒有被吸引，都不重要了，因為你不要了。

所以，如果最後，你能做的努力都用盡了，還是沒有結果，那就尊重對方、尊重自己、尊重命運的安排，還你自己自由。

最後也最重要的一堂課

當成功或失敗之後，你怎麼看自己？

本書到這裡，迎來了尾聲。

在第一章，我們思考了與自己的關係，到了最後一章，我們仍要將一切回歸到自己。

不論一段關係的過程為何、是否交往、是否順利，這一段歷程都會寫進我們的生命裡，成為我們人生的一部分。我們會從中學習、從中成長、從中看到更多沒看到的、沒體驗過的東西。

而當一段關係到了一個定點時，我們往往會以這段關係的狀況，來定義自己的成敗。成功交往了，我們就覺得自己成功了；沒追到，我們就認為自己失敗了。我們用簡單的二元結果論來為自己貼上成功或失敗的標籤，然後藉此志得意滿或灰心喪志。

但，感情真的有所謂的成敗嗎？交往了，但分手了，算成功嗎？交往了、結婚了，但離婚了，算成功嗎？結婚了、沒離婚，

但過著沒有感情的生活，算成功嗎？如果真要以結果來看，是否除了在我們死前那一段美好而沒有離婚、伴隨我們終老的戀情以外，其它全都要算是失敗呢？那這世界上，到底有多少人在感情上是成功的？

　　不止是感情，我們習慣用任何事情的結果來為自己下各種不同的註解：書唸不好就覺得自己笨、籃球打不好就覺得自己運動神經差、喜歡看漫畫就覺得自己宅、朋友少就覺得自己邊緣或社交障礙；相反的，有些人會為自己下些完美且規避責任的註解：書唸不好是老師教得爛，書唸得好是自己天才、朋友少是因為不想交，朋友多是因為自己有個人魅力、交不到女朋友是因為女人沒眼光，交到女朋友是因為自己強……，不論是什麼，我們總是花很多時間去將自己歸類在某一類的人裡，成功的人、失敗的人、幸運的人、不幸的人。

　　但這有什麼意義呢？不論你是怎麼樣的人、不論你的人生中有很多事情是好是壞，你不都活著嗎？你不都要繼續活下去嗎？一次的戀情不順，以後就不談戀愛了嗎？被甩了一次，以後就不交女朋友了嗎？如果不論如何，你都還是會繼續下去，那為什麼要定義自己是成功的或是失敗的呢？

　　每當我們為自己下了一個註解，往後我們就得帶著這個註解

繼續前進，然後讓這些對於自己的看法影響我們的未來。當你覺得自己是個害羞的人，未來你就會用害羞來合理化自己的所有人際關係困難；當你覺得自己是個沒自信的人，未來你就會繼續畏縮下去。不論你下的註解是什麼，你都會盡力去合理化這個註解，因為那是你認為自己應該要出現的樣子。

有些人會反向操作，企圖為自己下一些很正向的註解，例如充滿愛心、樂觀、陽光、有自信、健談，希望自己能真的變成這樣的人，這被稱為正念思考。

我個人不喜歡這種方法，因為只要不是真心的相信這些對自己的詮釋，就只是在營造出一個「我好像是這樣」的假象，但內心也知道自己其實不是，於是大腦跟潛意識開始拉扯，變得越來越分裂、越來越痛苦。

說實話，即使我們不陽光、不健談、不活潑外向，那又如何呢？這些不就是「我」嗎？即使我們再怎麼羨慕別人、景仰別人，那都是「他」，不是「我」。你就是你，你永遠不會變成任何人，不論你怎麼改變、怎麼調整，最終活出來的永遠都是你自己。我們羨慕別人的，只是他們得到的結果，並非是我們真正的特質。我們羨慕外向的人，因為我們認為他們可以交到很多朋友；我們羨慕健談的人，因為我們認為大家跟他們聊天總是如沐春風；我

們羨慕有錢的人，因為我們認為他們不用為了錢煩惱。我們羨慕的永遠不是那個特質本身，而是隨之而來的那些我們想要卻無法做到的結果。

既然如此，你何必要變成誰呢？你只要能用你自己，取得同樣的結果不就行了嗎？

以前我也很想變成別人，因為我覺得那才是好的、對的、受人喜歡的。直到某天，我問一個朋友該如何變成別人時，對方很認真的回答我，那個瞬間我覺得好痛苦、好不舒服，我脫口而出了一句話：「可是我就是我啊！」

那個時候我才發現，我根本不想變成別人，我想要的是真正的自己可以被別人喜歡。我想要的不是變成別人，然後享受那個人會得到的結果，我想要的只是真正的自己可以在太陽下好好活著，再也不用扮演別人。

我們想要的，其實都只是結果，一個受歡迎的結果、快樂的結果，並不是真的成為了誰。我們真真正正期望的，都是真實的自己能夠被接受，而不是虛假的自己被愛。

既然是這樣，那我們又何苦率先討厭自己呢？我們為什麼一定得為自己貼上標籤，用以定義自己呢？就算遇到了挫折、就算不順利，我們也不需要厭惡自己，只需要找出問題，然後好好的

去面對就好。

　　真正為自己負責的方法，不是責怪自己、覺得自己很糟，而是接受它，然後認真的找出問題，做出改變。我們負責，但不需要受責，我們為自己的行為負起責任，但不需要因此受到責難，因為責備自己只是讓自己好過一點、只是讓自己感覺自己好像負了責，實際上什麼都沒有改變。真正的負責不是責怪誰，而是切切實實的改變這些問題。

　　或許過去的你，都用責備自己、評論自己的方式在檢討每一段感情，但每次的戀情都只是一個發現的旅程，它讓我們發現自己的美好、自己的課題、自己的與眾不同，它的存在從來都不是要讓我們評價自己，只是要讓我們體會、讓我們發現、讓我們重新再看見。

　　這本書不是一個結束，而是一個開始，它將讓你重新踏上自我關係的探索、與他人關係的旅程。讀完它，你會了解到很多過去不明白的事，在實踐的過程中，你將會發現更多不明白的事，但那都不要緊，因為你已經在自己的道途上前進。不論那是條怎麼樣的路，跟別人有多不同，都無所謂，因為那是獨一無二、只屬於你自己的路。

　　啟程吧！開始朝自己的路前進，希望在這路上你可以記得：

「不需要做更好的自己，只要更好的做自己。」

祝好。

卷末感謝

感謝我的師父BIEN，如果沒
有他一路以來的鐵血教育及
愛的鼓勵，不會有今天這本
書的出現。

謝謝你讀完這本書,辛苦了!
本書附有【戀愛致命傷】測驗題,
請翻到第 251 頁開始作答吧★

想，請你趕快往前翻到第 1 頁，從頭到尾仔細將本書看過一遍，嘗試在生活中調整自己的心態、使用這些方法，最後別忘了將本書的內容，調整成最適合你的方式。

如此一來，我相信你的感情路必定會大有不同。

祝君武運昌隆。

鈍

「鈍」其實不是罪，只是女生很受不了而已。男人說話的邏輯是「我想表達什麼，就說什麼」，女人說話的邏輯是「我要表達這個，可是太不好意思了，你如果真的愛我就要聽懂。」

簡單來說，女生因為要維護好關係，所以她們說話和做人處事通常都會比男生來得委婉。而東方社會的矜持文化及女性是被追求者的觀念，也讓她們比較不能把有好感的訊息直白的說出，這種時候，如果男人還聽不懂、看不懂她們的言行舉止，就會被蓋上「不解風情」的認證章，就算女生有好感，也容易瞬間消火。

以上這五字大忌，是我們在感情中最常犯的毛病，也是我們最難以察覺到的盲點。只要中了這五個字，在兩性關係之中，通常都會顯得很吃力。但還好你手上有這本書，如果你剛才取得的分數，實在是不盡理

男時的感受：「幹，是要我回什麼？」

對於高素質的女生來說，只懂得拿外在條件炫耀的人，也沒有不魯到哪裡去，因為她們深知，只會炫耀外在的人，內在有多麼空虛。

魯

「魯」是你怎麼表現及看待自己的價值。價值不是你的豪宅和名車，也不是你名片上印的頭銜，而是你這個人是個什麼樣的人。當一個人看不起自己的時候，就會採取卑微的方式去和異性相處；當一個人太看得起自己的時候，就會用自己的豐功偉業來炫示；當一個人真的了解自己的時候，他就知道什麼樣的方式，才能真正能讓別理解自己。

我們常見的照三餐問候、天氣冷暖、無聊笑話的轉發，都是「魯」的一種，這也顯示出了你根本不知道怎麼跟女生相處，只能用這種方式來刷存在感，刷久了之後就被人家當成了ＮＰＣ。

就算是男生，也會對於每天照三餐跟自己說早安午安晚安的女生感到厭煩，當對方說：「今天比較冷，要多穿一點哦！」的時候，你除了貼圖或「謝謝」跟「妳也是」以外，你還能回什麼？這就是女生面對魯

我有一次要出遊，約了同一個女生五次，被打槍了五次；

我也曾經問一個女生要不要交往，問了二十一次，被打槍了二十一次；也發生過我每三天約一個女生一次，被打槍了七次的事。說這個並不是要你們瘋狂的邀約或是告白，這些事情都有些基本前提，但如果我在一開始就害怕了，那一定不會有後面的故事。

追求和業務是同樣的事情，或許你這輩子可以都不做業務，但你沒辦法逃避你的感情，如果你真想逃避，你也不會拿起這本書了。你必須知道「恐懼在愛情中，沒辦法幫你帶來你所要的結果」。

你對於已讀不回感到恐懼嗎？你害怕對方一直很忙碌嗎？你受不了自己的熱臉一直貼冷屁股嗎？這些都是「怕」的具體表現。當然，你可以不想被已讀不回、可以不想被打槍，但你要清楚，自己的不想是因為感到恐懼，還是因為你知道自己可以做投報率更高的事？

怕

而「怕」則是我們自己內心的心魔。會阻礙我們追求的狀況往往有兩種，一種是無法認清現實，總以為對方對自己有好感，另一種是在看到一些紅燈訊號之後，馬上就退縮。前者不是怕，而是活在自己的想像世界中，這種人還是追得到，雖然追不到真正的優質女，但因為還是追得到，所以我們在本書就不花太多時間來談。

真正容易出問題的是「怕」。追求或吸引時，對我們最不利的就是怕了。不管是怕別人笑、怕人家怎麼看我、怕自己做不對、怕對方會不會討厭自己，這些都是「怕」。恐懼會讓我們不自在，會讓我們無法全力以赴，會讓原本的好機會徹底消失。

在這裡，我們將「怕」定義為承受打擊的能力。我自己是業務出身的，我很能理解玻璃心碎滿地的感覺，當我打電話給客戶時，最怕客戶冷淡的態度，但我更清楚，如果我為了保護自己的玻璃心，我絕對沒辦法成交任何一個客戶。

的關係，想盡快確認？是否太想往前推進，而貿然做

了些自己沒把握的行動？是否因為急著邀約，到最後

甚至被不讀不回？

這些都是「急」所為我們帶來的窘境。

急

很「缺」的人，通常都會伴隨著「急」，如上述所舉的例子，很缺業績的業務，才會急著想要成交。

急是表現出來的外顯性，缺是隱藏在內心的需求。

在東方社會中，由於所謂適婚年齡及高齡產婦的緣故，女性通常比男性更容易「急」。男性的「急」則來自於父母的結婚壓力，以及所謂的「面子」問題。

如果一個男人一直被無數的女人圍繞，其實沒有人會因為他沒結婚而嘲笑他，多數的人反而會羨慕他；但一個男人如果身邊完全沒有女人，就會開始有比較性的壓力出現，認為別人都有只有自己沒有。

只要出現「急」的狀態，很容易操之過急，無法掌握適合的節奏，往往會因為無法承受自己的心理壓力，把一手好牌全部打爛，甚至直接進入女生的「垃圾區」（就像 whoscall 的垃圾來電一樣）。回憶一下吧！在過去遇到的失敗經驗中，是否太在意彼此目前

缺

「缺」說白了，就是一種飢渴的狀態。我們常會對別人說：「你到底有多飢渴啊？」說的就是「缺」的心態。只要我們一「缺」，我們的意圖就會明顯。

舉個例子：你去買車的時候，如果業務看起來很急著想要業績，因此不斷跟你推薦車有多好多好、配備如何齊全、價錢如何低廉，這時，你心裡是否會感到龐大的壓力？而且你會覺得對方的生死都掌握在你的手上，或許有機會要到更好的優惠。

同理，當我們缺的時候，也會給別人這樣的感覺。

女生會覺得壓力很大，尤其人際關係不像買賣，走出了店家之後，可以跟業務老死不相往來，這樣的心態只會讓女生對你敬而遠之。如果遇上較為惡質的女性，因為你缺的態度，也能讓她們對你予取予求，漸漸地，工具人就養成了。

市場裡的輸家。或許我們無法成為最大的贏家，但透過練習跟調整，要贏過六成的人是絕對沒有問題的，如果你非常努力的練習與實戰，要贏過八成的人也絕對做得到。

所以，我們現在要做的事情，不是把這本書撕爛，也不是看著分數哭泣，我們要做的是：搞清楚到底哪裡出了問題。只有知道自己在哪方面出了問題，並且進行調整，我們才能用最短的時間達到最大的效果。

接下來的內容或許你看了會不太舒服，但反正這個測驗表本來就不是讓你測來舒服的。與其對抗它，不如請你好好的、用心的、努力的，把這些內容牢記在心，並且期許未來的自己不要再犯相同的錯誤。

在感情中，我們有五個絕對不能犯的大忌。不管你是金羅大仙還是情場高手，只要你犯了這五個大忌，就別想要感情能夠順遂了。

這五個大忌分別是「缺、急、怕、魯、鈍」。站在女生的立場，最怕的就是男生急、魯、鈍；而我們自己本身，最忌諱的則是缺、怕。

詳細說明

做完這個測驗表之後，或許你現在心中會開始感到很不爽、想撕爛這本書、覺得它不準……等等。無論你有什麼感覺，都很正常，因為不然你沒事不會拿起這本書，甚至是買下它。任何人都可能在情場上失利過，你現在所得到的分數根本不算什麼，充其量只代表了現在的你的處境。如果我在學會談戀愛前作這個測驗表，我相信我的分數應該比絕大多數的人都淒涼，但那又如何？

以前我也很笨，甚至你現在在市面上，看到做感情教學、教戀愛、教把妹的那些老師達人們，有一半以上以前都很笨，或許還是特別笨的那種（像我就屬於這種），但那又如何？

如果這件事無法被學習，那我出這本書豈不是出來騙錢？那市面上的把妹書、戀愛書，不也全都在騙人？這些書會問世，表示「戀愛」絕對可以被學會。

我們或許無法像一些天才一樣，交到數不清的女朋友，或是達到百人斬千人斬（其實在這年代，這比交女朋友還簡單），但我們絕對可以讓自己不再是戀愛

缺、急、怕、魯、鈍，各項加總分數分析

依據前頁分數計算方式，對照各個項目的分數落在哪一個區間，分數越低，表示越需要注意自己在這個項目的缺點和現象。

-10分
你實在是太「——————」了，你最令人無法忍受就是在這點。

-5分
這個部分加強後應該能幫助你的感情更加順遂。

0分
一般正常。

+5分
這塊表現得不錯，但偶爾狀況差會不穩定。

+10分
無招勝有招的完美男人。

二. 戀愛五大忌，你犯了哪些呢？

加總以下題目的分數，即可了解自己在戀愛五大忌「缺急怕魯鈍」各占多少成分。

題1＋題6＋題11＋題16＋題21＝「缺」的分數

題2＋題7＋題12＋題17＋題22＝「急」的分數

題3＋題8＋題13＋題18＋題23＝「怕」的分數

題4＋題9＋題14＋題19＋題24＝「魯」的分數

題5＋題10＋題15＋題20＋題25＝「鈍」的分數

0～9分

你是個非常普通的正常男子，追女生真的只能靠運氣了。

-1～-10分

你其實不錯，也有潛力，但可能太喜歡打安全牌，機會常常是自己錯失的。

-11～-20分

你其實不差，但可能對於男女之間相處的眉角不了解，請趕快翻閱本書正文。

-21～-30分

你偶爾會受到異性的青睞，但對於喜歡的總是很失敗，不知如何相處與自處。

-31～-40分

沒異性欣賞對你來說其實非常正常，建議你先多交些女性朋友，然後翻看本書十次，最好再上我們的官網 www.attractmenyouwant.com 看看我們的文章及影片。

-41～-50分

這位施主，你真是奇葩中的奇葩，佛渡有緣人，既然你看到了本書，請你務必把它買回家，詳細參閱。願你能早日得到你的春天。

一、綜合分數：分析目前你的整體戀愛實力

加總25道題目的分數，對照分數區間，即可獲得你的整體戀愛實力綜合分數。

分數區間落在 -40 ～ +40 者適合參閱本書，獲取加強戀愛實力的能力。

40 ～ 50 分

無招勝有招的完美男人，如果你還未購買本書，請趕快放下，把它留給更有需要的人；如果你已購買本書，請趕緊轉送給其他友人或圖書館，讓你的大愛得以被傳播。

30 ～ 39 分

技巧高招的戀愛達人，很多人落入你手掌心兒走不出，但如果你的目標對象是高素質的女性，心性就必須再加強一點，才會更順遂哦！

20 ～ 29 分

你已經比一般的男生好多了，要交女朋友也不是什麼難事，但遇到真的很令你心動的對象時，仍然可能會受挫。

10 ～ 19 分

這樣行走江湖已經足夠，不怕被打死，交女朋友是可以的，但遇到喜歡的，還是很有可能失利。

E	D	C	B	A
+1 分	-2 分	+2 分	-1 分	0 分

依照以下答題選項的計分方式，加總後即代表之你目前的感情實力與狀態。

本測驗計分方式

25. 當女生對你說哪句話的時候，你會認為她喜歡你？

A. 「你跟別的女生這麼好，我會吃醋」

B. 「我喜歡你」

C. 看她跟我相處的時候跟別人有什麼不一樣，一分證據說一分話，我都是用跡象來判斷的

D. 「我想跟你交往」

E. 「我還蠻喜歡你的」

請勿偷看，以免測驗失準。

測驗已經結束，下頁是計分方式及測量結果。

23. 什麼時候你就會開始緊張？

A. 打電話

B. 邀約

C. 我好像不太會緊張

D. 傳訊息給對方

E. 進一步肢體接觸

24. 如果你覺得一個條件中等的女生，在你約她出去的時候，她直接說：「可是我對你沒興趣耶……」你會？

A. 蛤？

B. 妳這種人還挑個屁啊！以後一定嫁不出去

C. 嗯？雖然我只想跟她交朋友，但她一定有什麼過人之處！

D. 啊，連這種女生都拒絕我喔……我還以為標準已經降很低了……

E. 我還有別的正妹可以約好嗎？只是交個朋友而已，是在跩什麼？

21. 你預想的人生顛峰狀態，你希望有多少女生喜歡你？

A. 有幾個好女生喜歡我就好了

B. 只要是正妹，多少無所謂

C. 我喜歡的人喜歡我就好，其他倒是無所謂

D. 越多越好，而且都是正妹

E. 為什麼要預想？現在就是顛峰

22. 如果有個看似條件比你好的競爭者，來追你喜歡的女生，你會怎麼辦？

A. 很怕被搶走，但……人家條件就比我好，也不能怎麼辦啊

B. 趕快想辦法推進，免得被追走

C. 我有把握這個女生喜歡我，是勝過條件的差異的

D. 幹這太可怕了！我大概會一直煩惱，然後告白，一個置於死地而後生的概念

E. 消費這個競爭者，以提升我的地位

19. 你跟女生聊天，大多是什麼樣的狀況？

A. 有時候可以聊得很開心

B. 我很努力找了很多有趣的東西，但女生的反應好像還是不太好

C. 女生很愛講很多事，不管我想不想聽

D. 我都不知道要聊什麼，只好一直關心她，所以才想買這本書

E. 女生跟我聊天都很開心啊！因為我有非常多故事可以跟她們分享

20. 你被人家說過是個很遲鈍的人嗎？

A. 還好耶，偶爾會有女生說

B. 蠻常的，但我覺得應該還好吧

C. 從來沒被說過，反而很多人說我很了解別人在想什麼

D. 很常，已經到了連兄弟們都看不下去的程度

E. 不會啊

17. **什麼時候你會想告白，以確定關係？**

A. 覺得對方應該也喜歡我的時候

B. 感覺不錯就上吧！

C. 當我察覺到她想要確定關係的時候，我就會告訴她

D. 快沒希望了，只好衝一發！

E. 確定關係幹嘛？再玩一陣子再說

18. **你覺得，面對喜歡的人的時候，你是否會把不好的訊號放大？**

A. 會很緊張，如果出現很多看起來不好的訊號，就會連其它的一起放大

B. 會放大

C. 同時蒐集好壞訊號

D. 無限放大

E. 反而會縮小

15.

某天，有個女生突然丟了一個你去過的餐廳連結給你，跟你說：「這間好像很好吃」，下列何者比較符合你的行為？

A. 問她：「妳想去吃嗎？」

B. 「還不錯，我還知道幾間也不錯的」，然後找出別間同類型的餐廳給她

C. 「走啊，現在」，對方如果說現在不行，再說：「那我訂位，什麼時候去？」

D. 「這間我之前和誰誰誰去吃過哦！真的蠻好吃」，跟她分享餐廳的食物和服務品質

E. 問她：「妳什麼時候有空？一起去。」

16.

你覺得你為什麼單身？

A. 就追不到喜歡的啊

B. 幹！就交不到啊！你以為我想啊？

C. 嗯？單身不好嗎？不能隨緣嗎？

D. 現在女人都太現實了，還不都愛高富帥

E. 單身才可以同時跟很多女生曖昧啊

13. 在你做較大的動作前，如第一次打電話給對方、約對方出去等，你心裡的想法是？

A. 覺得緊張，但就衝了！

B. 想好台詞，要做到完美才行

C. 這不是很普通的事嗎？

D. 我真的要這麼做嗎……還是算了吧？她會不會覺得我很奇怪？如果拒絕我怎麼辦？

E. 拒絕我的話，我就找別人啊

14. 如果你跟一個女生沒交集的話，下列何者比較類似你的做法？

A. 蒐集資料，看有什麼切入點，有好的切入點才行動

B. 每天關心太變態了，有節日再關心就好

C. 通常都是女生自己來找我

D. 每天問候她，用關心來打動對方

E. 故意發一些對方會有興趣的動態，讓她主動

11.

你去參加了一個聯誼，有三個女生，A是個八分正妹，B是個普妹，C是恐龍。大家都喜歡正妹，所以正妹的身邊圍滿了蒼蠅，這時你會怎麼做？

A. 一直注意正妹，但沒機會跟她講到話，只好跟普妹聊天

B. 想盡辦法湊到正妹旁邊

C. 在這裡硬要跟正妹聊天，也蠻沒意義的

D. 正妹身邊人太多了，其他人又不怎麼樣，真是浪費我時間

E. 故意跟普妹聊天，吸引正妹的注意

12.

跟女生要到聯絡方式之後，你會怎麼做？

A. 先聊一陣子，看看能不能約出去

B. 找她有興趣的活動，想辦法約出去

C. 聊天很重要，感覺比出去來得重要

D. 不要浪費時間，趕快約出去

E. 故意不理她，欲擒故縱

9. 如果今天有個你很喜歡的女生，她喝醉了，你會怎麼做？

A. 「要上？還是不上？」陷入天人交戰

B. 天賜良機，上了再說

C. 現在吃了，以後可能會有很多麻煩。來日方長，跟喝醉的人上床有什麼意思

D. 我是正人君子，絕不趁機吃豆腐

E. 既然她會在我面前喝醉，表示她應該也不排斥

10. 下列哪個情況比較符合你跟女生的互動？

A. 喜歡我的，我知道她在想什麼；我喜歡的，我就不知道了

B. 女生被我說中心裡的想法都不承認，常惱羞成怒

C. 女生跟我一樣都是人，很少有搞不清楚的地方

D. 女生是外星人，我都不知道怎麼跟她們相處

E. 大部分的時候我知道女生在想什麼

7. 如果你有喜歡的對象，但她好像沒有很喜歡你，你會？

A. 問朋友要怎麼辦，想辦法讓她喜歡

B. 看到她跟別的男生相處，就覺得很緊張

C. 順其自然，她會喜歡我的，現在還不是時機

D. 一直反覆思考到底要告白還是放棄

E. 沒關係，再見面幾次就可以搞定了

8. 原本熱絡的對象，突然不理你了，你會怎麼做？

A. 上網找答案

B. 不理我就算了，我也不理妳

C. 這種事不會突然發生，要發生也是我設計的

D. 拼命追問

E. 回想之前的相處過程，找出原因

5. 如果有一個女生問：「為什麼你會喜歡我？」以下哪個選項比較接近你心裡的第一個想法？

A. 上鉤了吧

B. 呵呵，真可愛

C. 女人都愛問這種鳥問題……

D. 她是不是喜歡我？

E. 陷入一片慌亂，心裡想：「她為什麼要這樣問？」

6. 你對於曖昧的態度，較接近何者？

A. 曖昧的目的就是要交往

B. 曖昧只有剛開始好玩

C. 有曖昧就享受當下，沒曖昧就享受一個人的當下

D. 曖昧讓人受盡委屈

E. 能跟越多人曖昧越好，這種事是多多益善

3. 遇到女生用哪一種方式打槍你時，你就會退縮？

A. 對方明確表達出對你沒興趣

B. 已讀或未讀

C. 看情況決定行事方針，不會特別決定放不放棄

D. 對方常說自己很忙

E. 我的字典裡沒有「放棄」

4. 跟一個女生相識之初，你會怎麼引起對方的注意？

A. 主動攀談、找話題

B. 討好、讚美

C. 大家不是本來就會互相注意嗎？為什麼要引起特定人的注意？

D. 一直問候關心、直說自己的豐功偉業

E. 有意無意的透露自己的事跡、長處、學識、財力、魅力

63

1. 下列何者，最符合你現在的心情？

A. 我想要找個適合我的女朋友

B. 我想要交個超正的女朋友

C. 隨緣，遇到我喜歡的就會在一起

D. 只要有個女朋友，就好了

E. 這些女生都喜歡我，我要挑哪個當女朋友？

2. 你想跟喜歡的人更進一步時，通常會採取什麼策略？

A. 想辦法製造相處機會

B. 一直要單獨約對方出去、想藉由肢體接觸推進

C. 享受當下，覺得沒什麼不好，一切隨緣

D. 自爆

E. 故意測試對方有多喜歡

從左手到牽手

【戀愛致命傷】檢測表

台灣人做考卷的時候很喜歡找「對」的選項，但我們的檢測表是為了測出你當前的狀態，真正對你來說「對」的事情，是找出你的問題。所以答題時，請務必選出最符合你狀況的答案，才對你是真的有幫助的哦！

優生活 61

從左手到牽手

作者 —— AWE 情感工作室 ‧ 亞瑟
美術設計 —— 張巖
主編 —— 楊淑媚
校對 —— 亞瑟、楊淑媚
行銷企劃 —— 王聖惠

第五編輯部總監 —— 梁芳春
董事長 —— 趙政岷
出版者 —— 時報文化出版企業股份有限公司
　　　　108019 台北市和平西路三段二四〇號七樓
發行專線 —— （02）2306—6842
讀者服務專線 —— 0800—231—705、（02）2304—7103
讀者服務傳真 —— （02）2304—6858
郵撥 —— 19344724 時報文化出版公司
信箱 —— 10899 臺北華江橋郵局第 99 信箱
時報悅讀網 —— http://www.readingtimes.com.tw
電子郵件信箱 —— yoho@readingtimes.com.tw
法律顧問 —— 理律法律事務所　陳長文律師、李念祖律師
印刷 —— 勁達印刷有限公司
初版一刷 —— 2018 年 9 月 21 日
初版八刷 —— 2023 年 7 月 7 日
定價 —— 新台幣 320 元

時報文化出版公司成立於一九七五年，
並於一九九九年股票上櫃公開發行，於二〇〇八年脫離中時集團非屬旺中，
以「尊重智慧與創意的文化事業」為信念。

從左手到牽手 / AWE 情感工作室 . 亞瑟作 . -- 初版 . -- 臺北市：
時報文化，2018.09　面；　公分
ISBN 978-957-13-7540-3(平裝)

1. 戀愛 2. 兩性關係

544.37　　　　　　　　　　　　　　　　107015015